110 MOYENS LÉGAUX POUR ARNAQUER L'ÉTAT

Bertrand Deveaud est né en 1960. De formation juridique (licence en droit, maîtrise de Sciences politiques), il a collaboré notamment au Matin, *au* Figaro, *au* Monde, *au* Nouvel Observateur, *à* Capital, *à* TF1, *etc. Il a étudié plus d'une année les textes de lois et jurisprudences, aidé des meilleurs juristes, pour élaborer le présent ouvrage.*

Aimez-vous payer les yeux fermés? Considérez-vous comme normal que l'Etat, ou les banques, ou les administrations, prélèvent ce qui leur passe par la tête, en fonction d'une gestion absurde?
Riez-vous aux éclats lorsque vous voyez l'argent collectif distribué par brouettées pour construire des châteaux de sable?
Organisez-vous une surprise-partie chaque fois que vous êtes verbalisé par une contractuelle pour cinq minutes de dépassement du temps imparti? Hurlez-vous de joie, en allumant des cierges, lorsqu'un contribuable harcelé par le fisc est jeté en prison par ceux-là mêmes qui se sont auto-amnistiés?
Si oui, n'achetez pas ce livre.
Dans le cas contraire, vous tenez entre les mains un guide de contre-attaque...
Les méthodes employées par l'Etat – qui frôlent parfois le grand banditisme – se retournent contre lui!
Tous les moyens recensés ici, quoique la plupart du temps peu ou pas connus, sont strictement légaux et utilisables par tous.
Ils concernent :

- La fiscalité (impôts directs et indirects);
- Les banques (agios, délais de paiement, etc.);
- Les PTT et Télécom (affranchissement, téléphone, recommandés);
- Les moyens de transport (SNCF, avion);
- La redevance télé;
- L'automobile (amendes, excès de vitesse, retrait de permis, etc.).

Ils vous permettront d'éviter la majeure partie des désagréments habituels, d'économiser de considérables sommes d'argent, et vous éviteront des pertes de temps et d'énergie, pour votre plus grand profit personnel.

BERTRAND DEVEAUD

110 moyens légaux pour arnaquer l'État

JACQUES GRANCHER

REMERCIEMENTS

Ce livre n'aurait certainement jamais vu le jour sans les inestimables talents de nombreux magistrats, avocats, notaires, huissiers, conseillers juridiques et fiscaux, journalistes et autres experts.

La plupart d'entre eux ont, pour des raisons qui les regardent, préférer taire leur nom. Cette collaboration anonyme (et respectable) ne m'empêche pas de tous les remercier encore vivement (ils se reconnaîtront...).

Je tiens également à exprimer toute ma gratitude à Véronique Marre, avocat au barreau de Paris, à Pierre Anerque et Christian Samorn, conseillers financiers, à Paul Bergue, principal clerc dans une étude d'huissier à Paris, à François Mellé, avocat au barreau du Val de Marne et spécialiste éclairé, lumineux même, du droit automobile, à Nicole Bouclet, secrétaire générale de l'UCCAVI (Union des commerçants, consommateurs et artisans victimes des impayés), à Serge Maître, responsable de l'AFUB (Association française des usagers de banques), au Comte di Castelfranco, conseiller ès « lex astucia », et au Père Joseph de Marseille.

Mes derniers remerciements — et pas les moindres — sont destinés à René Chiche, journaliste, pour son soutien tonique et généreux, à Serge Rodriguez, photographe, pour son sens de l'image, à Éric Brac de la

Perrière, producteur de films, pour son à-propos et son aisance, à Thierry Descudet, homme d'affaires, pour son esprit ludique, et à mes parents, pour m'avoir nourri jusqu'à l'âge de dix-neuf ans.

Le petit mot de la fin sera pour l'État, et particulièrement pour deux de ses plus illustres représentants. Messieurs Bérégovoy et Charasse, sans vraiment le vouloir, vous m'avez bien inspiré lors de la rédaction de cet ouvrage. Que vous en soyez chaleureusement remerciés...

Je ne sais pas de spectacle plus sain, d'un comique plus réconfortant, que celui d'un monsieur recevant de main de maître une beigne qu'il avait cherchée.

Georges COURTELINE

Tout ce qui n'est pas interdit est autorisé.

Principe fondamental du droit pénal

Si l'État est fort, il nous écrase. S'il est faible, nous périssons.

Paul VALÉRY

Introduction

Avant toute chose, permettez-moi une petite confession : je ne profite pas de cet ouvrage pour régler mes comptes avec l'État. Pourquoi le ferais-je d'ailleurs ? Jusqu'à présent, ses administrations, jugeant sans doute que j'étais un contribuable discipliné, m'ont toujours épargné (hormis une ou deux interpellations aux frontières pour non-paiement de contraventions et quelques menaces d'usage pour arriérés d'impôts). Figurez-vous que je n'ai même jamais subi le moindre contrôle fiscal et que le fisc a eu l'ingénieuse idée de ne pas inscrire mon nom sur ses listes rouges…

Je fais donc partie de ces citoyens français — et fiers de l'être — qui, se croyant à l'abri de tout soupçon et de toute malveillance, vivent sereinement dans un pays paisible, géré par des institutions sereines et gouverné par des hommes encore plus sereins.

Nanti de ces belles illusions, j'ose donc affirmer, avec l'assurance d'un vieux sage, que tout va bien pour moi !

Pour moi, oui, mais pour les autres ?… Tout le monde n'a malheureusement pas cette chance. Il y en a qui sont surveillés, contrôlés, menacés, poursuivis, traqués, saisis, dépouillés, rackettés, lessivés, redressés, punis, condamnés, lésés, abusés, trompés, exploités, étouffés… La vie est moins belle pour eux, forcément.

C'est donc pour ces gens-là, et pour tous ceux qui souhaitent ne jamais vivre ces douloureuses expériences, que j'ai écris cet ouvrage, sobrement intitulé *110 moyens légaux pour arnaquer l'État*. Et je l'ai fait dans le plus grand respect des lois, même si je ne crois pas toujours en leur efficacité et leur équité.

Toutefois, et c'est bien dommage, les lois sont souvent mal comprises par les citoyens. Ceux-ci, peu informés il faut dire, ont plutôt tendance à les assimiler au bâton du gendarme, alors qu'au contraire, elles sont faites pour eux, en leur faveur. Dans les codes qui les recensent, on découvre en effet les termes de « protection », « aide », « avantage », « déduction », « exonération », « abattement », « allocation », « bénéfice », « profit »... Des termes qui font chaud au cœur et que la loi, dans son infinie générosité, met à votre disposition.

Cet ouvrage a donc la prétention de vous assister et de vous aider en vertu des textes de loi. De vous aider à échapper aux pièges et aux abus dont vous êtes régulièrement les victimes. De vous aider à obtenir, par le biais de ces 110 astuces légales, le plus d'avantages possible dans votre vie. Il ne s'agit pas, comme vous pourrez le constater, de faire la propagande d'actions illégales. Ces actions existent, et les nier serait tout à fait hypocrite de ma part. Mon souci d'honnêteté et de prévention vis-à-vis de vous, qui demandez à être informés en tant qu'adultes responsables, m'a d'ailleurs conduit à en citer quelques-unes — pour les éviter, bien sûr.

Il ne s'agit pas, non plus, de faire le procès de l'État et de ses institutions. Quoique ce ne soit pas l'envie qui m'en a manqué. Lorsque l'on voit les hommes qui nous gouvernent s'ériger en gardiens de la Constitution et de l'Ordre pour, la minute d'après, amnistier eux-mêmes, et sans le moindre scrupule, leurs propres fautes, il y a, passez-moi l'expression, des « coups de pied au cul qui se perdent ».

Laissons-les donc touiller leur salade indigeste entre eux et occupons-nous plutôt de nous. Dans un souci de liberté. Et, surtout, sans jamais perdre notre esprit ludique et notre sens de l'humour. La vie serait si triste sans ça...

LA FISCALITÉ

IMPÔTS SUR LE REVENU

Chaque année, à la même époque, les maux de tête vous reprennent. Rédiger sa déclaration de revenus n'a, effectivement, rien d'une partie de plaisir. C'est même une épreuve particulièrement douloureuse lorsque l'on connaît son issue : le versement obligatoire d'une somme d'argent.

Douloureuse, mais aussi fastidieuse. Le contribuable français, qui se plaint fréquemment de payer beaucoup trop d'impôts, passe des heures et des heures à faire ses comptes et, surtout, à recenser les avantages fiscaux dont il peut bénéficier. Il a beau consulter de long en large (et en travers) la notice d'information jointe à sa déclaration, le très dense, très compliqué code général des Impôts, voire les numéros spéciaux des magazines (« *comment rédiger sa feuille d'imposition* » ou « *comment payer moins d'impôts* »), le résultat est toujours le même : saoulé de chiffres et de textes de loi, le contribuable postera fébrilement sa déclaration en se plaignant d'être systématiquement « racketté » par l'État. Les petites déductions, glanées ci et là, ne constituent que de simples appels d'air, insuffisants par rapport au montant de l'impôt.

L'impôt sur le revenu permet à l'État de récolter près de 20 % de ses recettes brutes (279,4 milliards de francs en 1990). Une moisson fiscale exceptionnelle lorsque l'on sait qu'un Français sur deux n'est pas imposé.

Il ne s'agit pas, ici, de vous expliquer comment faire pour appartenir à ces foyers fiscaux exonérés. Ni de vous rappeler toutes les déductions auxquelles vous avez droit. Encore moins de vous montrer comment remplir votre déclaration. Mais plutôt de vous dévoiler les moyens les plus simples — piochés entre les lignes des textes du code général des impôts — pour gratter légalement un maximum d'avantages sur votre impôt.

Bon à savoir

L'information vaut le coup d'être soulignée : le code général des Impôts et le Livre des procédures fiscales sont tous deux illégaux. Personne, bien sûr, ne vous l'a fait remarquer. Et pourtant, aussi incroyable que cela puisse paraître, c'est vrai !
La raison en est simple : ni l'un ni l'autre ne résultent d'un vote du Parlement, indispensable pour toute loi de codification. Conformément à la Constitution, tous leurs articles auraient dû, les uns après les autres, être débattus et adoptés devant les deux Chambres. Il n'en a rien été. Le tribunal administratif et le Conseil d'État ont déjà eu l'occasion, et cela à plusieurs reprises, de se prononcer sur cette double illégalité. Et nul doute que, très bientôt, la Cour de justice européenne aura à en faire de même.
Anticonstitutionnels, ces deux codes sont, en outre, guidés par des principes pour le moins curieux. En matière fiscale, c'est toujours à la victime — au contribuable donc — de prouver qu'elle a raison, alors qu'un des principes fondamentaux du droit

— « *la charge de la preuve incombe au demandeur* » — dit clairement le contraire. Nous sommes donc ici en face d'une de ces contradictions dont la législation française a le secret...
Si les pouvoirs publics invoquent tel ou tel article du code général des Impôts ou du Livre des procédures fiscales pour vous réclamer de l'argent, n'hésitez pas à leur faire part de cette illégalité et, si besoin est, à saisir la Cour européenne de justice. Ce procédé n'a de périlleux que son apparence. Car personne ne pourra vous reprocher d'agir dans le respect du droit. En outre, et c'est là le plus important, il vous permettra de gagner du temps sur vos échéances et — qui sait ?... — d'œuvrer pour une meilleure justice.

COMMENT PAYER MOINS D'IMPÔTS

Ont été dénichés, pour vous, tous les avantages fiscaux, connus mais surtout méconnus, qui vous permettront d'adoucir le montant du chèque à adresser à la Trésorerie des Impôts.

1/ En faisant une erreur de 5 %

A condition de prendre son temps et de savoir interpréter les textes de loi, la lecture du Code général des impôts est aussi captivante qu'un roman. C'est ainsi que l'on a découvert que l'administration fiscale permettait un droit à l'erreur pour le contribuable. Cette « tolérance » est inscrite très clairement dans l'article 1733 de ce Code général des impôts. Celui-ci autorise le contribuable à oublier 5 % sur le montant total de ses revenus lors de la déclaration, sans qu'il lui soit exigé la moindre pénalité de retard.

Appliquez donc cette marge d'erreur chaque année. Si le fisc s'en aperçoit, sachez qu'il ne pourra vous réclamer la différence — sans majoration bien sûr — que sur les trois dernières années. Tout ce qui aura été omis d'être déclaré auparavant sera, de fait, totalement exonéré.

Non seulement vous paierez moins d'impôts sur le revenu, mais, en plus, cette différence de 5 % peut parfois vous faire chuter d'une tranche...

A titre d'information : Compte tenu du nombre ahurissant de dossiers à traiter, la Trésorerie des Impôts n'a généralement pas le temps de vérifier s'il y a marge d'erreur ou non. Il est donc extrêmement rare qu'elle adresse des lettres de rappel pour cela. En cas de contrôle fiscal, c'est autre chose...

A NE PAS FAIRE

Avant 1990, l'administration fiscale tolérait une marge d'erreur plafonnée à 10 %. Mais l'État — qui sait mieux que quiconque imposer la rigueur à ses contribuables — a ramené ce taux à 5 % (article 46 de la loi de finances rectificative pour 1990). Celui qui, par mégarde, par ignorance ou par provocation, continue à appliquer ce taux de 10 % s'expose donc à de sévères sanctions fiscales.
Heureusement, et l'on en revient toujours à ces problèmes de vérification dus au nombre ahurissant de dossiers à traiter, la Trésorerie des Impôts se trouve dans l'incapacité de sanctionner tous les contrevenants. Certains d'entre eux prennent ainsi le risque de conserver cette juteuse marge de 10 %. Si jamais ils se font rappeler à l'ordre, ce qui est rarement le cas, ils peuvent toujours invoquer leur bonne foi...

2/ En s'auto-assurant à plusieurs sur le risque fiscal

Pour limiter au maximum les risques de rappel de l'administration en cas d'« erreur », on peut pousser le raffinement jusqu'à s'associer à plusieurs (à 10, par exemple).

Le principe est extrêmement simple. Au moment de la déclaration de revenus, chacun applique la marge d'erreur de 5 % et s'engage, en cas de contrôle de l'un de ses « associés » par le fisc, à assurer un versement qui correspond au 10e de la somme exigée à titre de rappel. Et ainsi de suite chaque année, sachant que le fisc ne pourra réclamer la différence que sur les trois dernières années.

On peut appeler cela de l'auto-assurance sur le risque fiscal. Si l'un des contribuables est « démasqué », ses copains assurent. C'est tout simple, et sans danger...

Bon à savoir

A la question : « *Faut-il être le plus nombreux possible à déduire ces juteux 5 % de son revenu réel ?* », on ne peut apporter qu'une réponse mitigée. L'objectif premier étant de ne pas éveiller les soupçons de la Trésorerie des Impôts, il s'agit bien sûr de ne pas divulguer l'information à n'importe qui. Mais, que l'on soit nombreux ou non, la Trésorerie (qui connaît le truc) croule trop sous les dossiers litigieux ou compliqués pour se permettre de contrôler tout le monde. A moins que votre trésorier principal ne soit le plus zélé des fonctionnaires (ça existe !)...

3/ En reportant certains revenus sur l'année suivante

Si vous percevez des revenus (salaire, caution d'un locataire, rappel de loyers impayés, dividendes divers...) vers la fin du mois de décembre — ce qui est le cas de la plupart d'entre nous —, vous avez parfois intérêt à ne les encaisser qu'au début du mois suivant, c'est-à-dire en janvier. Vous ne serez ainsi taxé qu'au titre de l'année où vous avez effectivement perçu ces revenus.

Exemple : vous déposez votre chèque — qui correspond à votre bulletin de salaire de décembre 1992 — à partir du 1er janvier 1993. Ne déclarez alors pas cette somme au titre des revenus de 1992, mais à ceux de 1993.

Ce moyen permet de reporter une partie de l'impôt d'une année. Même si vous devrez vous en acquitter d'une façon ou d'une autre, vous pourrez peut-être bénéficier d'un taux d'imposition plus avantageux dans les cas suivants :

— le montant réduit du revenu net imposable vous place dans une tranche d'imposition inférieure ;

— la prochaine loi de finances — ses dispositions peuvent être fluctuantes — décide de diminuer le barême précédent ;

— un événement familial (naissance d'un enfant par exemple) accroît le nombre de parts de votre foyer fiscal.

BON À SAVOIR

Différer l'encaissement de ses revenus d'une année sur l'autre vaut autant pour les professions libérales que pour certains salariés qui bénéficient de primes ; ceux-ci peuvent en demander le paiement à l'employeur au début de l'année suivante.

4/ En payant vos charges locatives d'avance

Si vous êtes propriétaire bailleur, vous savez que vous pouvez déduire de vos revenus fonciers toutes les charges réelles supportées dans l'année (dépenses de réparations, d'entretiens, d'amélioration et de rénovation, frais de gérance, taxe foncière, intérêt des dettes...). Ces charges s'imputent bien entendu sur vos revenus fonciers. En les payant d'avance, vous diminuez obligatoirement votre revenu imposable.

D'autre part, vous avez droit à une déduction forfaitaire égale à :

— 10 % du revenu foncier (15 % dans certains cas) pour les propriétés rurales ;

— 10 % (15 % auparavant) pour les immeubles urbains ;

— 35 % pour les dix premières années de location des logements neufs, acquis ou construits après le 1/06/1986, livrés nus (non meublés) à titre d'habitation principale pour une durée minimale de six ans.

Les dépenses couvertes par la déduction forfaitaire correspondent à l'amortissement du prix de revient et du bien immobilier, aux frais de gestion et aux primes d'assurance.

5/ En demandant une remise partielle (ou totale) de votre imposition

Rien ne doit être laissé au hasard lorsque l'on cherche à gratter des avantages sur son imposition. En vertu de l'article L. 247 du Livre des procédures fiscales — un texte de loi que l'administration s'arrange curieusement pour ne jamais mettre en avant —, des remises partielles ou totales d'impôts directs peuvent ainsi être accordées aux contribuables.

Bien évidemment, tout le monde ne peut pas les obtenir. Il faut, pour cela, invoquer des motifs de gêne ou d'indigence. Mais, contrairement aux idées reçues, le terme de « gêne » ou d' « indigence » ne s'applique pas exclusivement aux catégories socialement défavorisées (chômeurs, retraités, smicards...). N'hésitez surtout pas à demander ces remises si vous traversez des difficultés financières, quelle que soit votre situation.

Envoyez alors une lettre au chef du centre des Impôts (ou au directeur des services fiscaux) en mentionnant les références de l'imposition et en exposant les arguments qui doivent motiver votre demande. N'oubliez pas de joindre tous les justificatifs disponibles (relevé bancaire, bordereau de prélèvement d'organisme de crédit, attestation d'ANPE pour les chômeurs, certificat de décès...) et sachez qu'aucune condition de délai ne pourra vous être exigée.

La décision est ensuite prise, soit par le directeur départemental ou régional des services fiscaux, soit par le directeur général ou même le ministre des Finances selon l'importance des sommes faisant l'objet de la demande. Rien ne vous empêche d'attaquer en appel les décisions du directeur départemental ou régional devant le directeur général — si vous ne les estimez pas assez clémentes, par exemple... En revanche, celles rendues par le directeur général ou le ministre ne peuvent être contestées, sauf si des éléments nouveaux sont apparus après la décision.

Bon à savoir

Les demandes de remises sur l'impôt sont moins nombreuses qu'on l'imagine. En général, elles proviennent surtout de personnes socialement défavorisées. Quelle que soit la catégorie à laquelle vous appartenez, vous êtes tout à fait en droit de tenter le coup. Ne serait-ce que pour gagner du temps...

Article L. 247 du Livre des procédures fiscales :
« L'administration peut accorder sur la demande du contribuable :

1° Des remises totales ou partielles d'impôts directs régulièrement établis lorsque le contribuable est dans l'impossibilité de payer par suite de gêne ou d'indigence ;

2° Des remises totales ou partielles d'amendes fiscales ou de majorations d'impôts lorsque ces pénalités et, le cas échéant, les impositions auxquelles elles s'ajoutent sont définitives ;

3° Par voie de transaction, une atténuation d'amendes fiscales ou de majorations d'impôts lorsque ces pénalités et, le cas échéant, les impositions auxquelles elles s'ajoutent ne sont pas définitives.

L'administration peut également décharger de leur responsabilité les personnes tenues au paiement d'impositions dues par un tiers.

Aucune autorité publique ne peut accorder de remise totale ou partielle de droits d'enregistrement, de taxe de publicité foncière, de droits de timbre, de taxes sur le chiffre d'affaires, de contributions indirectes et de taxes assimilées à ces droits, taxes et contributions. »

6/ En optant pour les frais généraux réels

En règle générale, le ministère des Finances admet que tous les salariés aient à faire face à des dépenses professionnelles. Voulant sans doute se montrer généreux, il leur accorde donc des déductions égales à 10 % du « salaire net imposable ». Celui-ci correspond au salaire déclaré, c'est-à-dire au revenu brut (comportant les gains en espèces et les avantages en nature imposables) après retenue des cotisations sociales (Sécurité sociale, assurance-chômage, retraite, retraite complémentaire...). Cet abattement de 10 %, accordé automatiquement, est censé couvrir les dépenses professionnelles courantes. Exemples : frais de déplacement du domicile au lieu de travail, frais de séjour à l'étranger en cas de déplacements imposés par l'employeur, frais de restauration sur le lieu de travail, frais de documentation personnelle et de mise à jour des connaissances liées à l'activité professionnelle... Tous les frais personnels, vous l'aviez compris, sont exclus de la déduction forfaitaire.

Certaines professions peuvent, en outre, prétendre à une déduction forfaitaire supplémentaire — ajoutée à celle de 10 % donc — pour les frais professionnels qui leur sont propres. Le taux varie de 5 à 40 %, selon la profession exercée.

Désignation des professions	Déduction forfaitaire supplémentaire (en %)
Artistes dramatiques, lyriques, cinématographiques ou chorégraphiques	25
Artistes musiciens, choristes, chefs d'orchestre, régisseurs de théâtre, person-	

nel de création de l'industrie cinématographique	20
Assemblées parlementaires (personnel)	20
Aviation marchande : personnel naviguant (pilotes, hôtesses, stewards, radios, mécaniciens navigants des compagnies de transports aériens, commissaires de bord) ; mécaniciens employés par les maisons de construction d'avions et de moteurs pour l'essai des prototypes ; pilotes, moniteurs d'aéro-clubs et des écoles d'aviation civile	30
Casinos et cercles : personnel supportant des frais de représentation et de veillée ; personnel supportant des frais de double résidence ; personnel supportant à la fois des frais de représentation, de veillée et de double résidence	8 à 20
Chauffeurs et receveurs convoyeurs de cars à service réguliers ou occasionnels ; conducteurs démonstrateurs et conducteurs convoyeurs des entreprises de construction d'automobiles ; chauffeurs et convoyeurs de transports rapides routiers ou d'entreprises de déménagement par automobiles	20
Commis d'agent de change et commis du marché en banque (place de Paris) sur les émoluments variables de toute nature (en ce qui concerne les émoluments fixes, la seule déduction applicable est la déduction normale de 10 %)	20
Couture : personnel des grandes maisons parisiennes ; modélistes, mannequins	10 à 20
Écrivains et compositeurs	25
Inspecteurs d'assurances des branches vie, capitalisation et épargne	30
Internes des hôpitaux de Paris	20

Journalistes, rédacteurs, photographes, directeur de journaux, critiques dramatiques et musicaux	30
Ouvriers du bâtiment visés aux paragraphes 1er et 2e de l'article premier du décret du 17 novembre 1936, à l'exclusion de ceux qui travaillent en usine ou en atelier	10
Ouvriers à domicile (pour certaines catégories seulement)	5 à 40
Ouvriers forestiers	10
Ouvriers horlogers, lorsqu'ils sont personnellement propriétaires des outils et petites machines nécessaires à l'exercice de leur métier	5
Ouvriers mineurs travaillant au fond des mines	10
Ouvriers d'imprimeries de journaux travaillant la nuit	5
Ouvriers scaphandriers	10
Représentants en publicité	30
Speakers de radiodiffusion-télévision française	20
Voyageurs, représentants et placiers (VRP du commerce ou de l'industrie)	30

Ce sont, d'après les professions, les taux actuellement en vigueur [1]. Mais l'État, qui a toujours besoin d'argent, pourrait les revoir à la baisse. C'est, en tout cas, ce qu'a annoncé le ministère des Finances.

Si un contribuable salarié estime que le montant de la déduction forfaitaire de 10 %, augmentée éventuellement de la déduction supplémentaire à laquelle lui

1. En 1991.

donne droit sa profession, est inférieure à ses dépenses réelles, il peut opter pour la déduction des frais professionnels réels.

En choisissant ce régime de déduction, il doit bien évidemment être en mesure de fournir à l'administration fiscale tous les justificatifs de ses dépenses (factures de réparation, notes d'essence, d'hôtel, de restaurant...).

Exemples de frais réels déductibles : trajet du domicile au lieu de travail (dont la distance est normale et ne résulte pas de convenances personnelles) ; frais supplémentaires de repas pris hors du domicile en raison d'obligation professionnelle ; voyages ou déplacements professionnels, vêtements spéciaux (bleu de travail, blouse ou autres) ; matériel et outillage, mobilier, documentation liés à l'exercice de la profession ; formation (obtention d'un diplôme ou d'une qualification en vue de l'accès à une nouvelle profession ou d'une amélioration de l'emploi) ; usage professionnel de la voiture du salarié (dépréciation du véhicule, entretien, essence, réparation, assurances, garage...).

A titre d'information : sachez que l'administration accepte d'évaluer, par dérogation, les dépenses d'automobile de façon forfaitaire en tenant compte de trois éléments : kilométrage, puissance du véhicule et durée d'utilisation. Chaque année, un tableau d'évaluation du prix de revient kilométrique est publié.

A noter que le tarif à retenir est celui du kilométrage qui se rapproche le plus de la distance professionnelle parcourue annuellement. Opter pour les frais généraux réels dépend bien sûr de la situation du salarié contribuable. A vous, donc, de calculer précisément ce qui, entre la déduction de 10 % et celle des frais professionnels réels, est le plus avantageux.

PRIX DE REVIENT KILOMÉTRIQUE
POUR LA DÉCLARATION 1991
(frais de garage exclus)

Puissance des véhicules	Kilométrage professionnel type	
	5000 km	10000 km
2 et 3 CV	1,83	1,23
4 CV	2,16	1,42
5 CV	2,43	1,58
6 CV	2,65	1,72
7 CV	2,75	1,79
8 CV	2,97	1,93
9 CV	3,04	2
10 CV	3,19	2,10
11 CV	3,25	2,17
12 CV	3,49	2,32
13 et plus	3,55	2,38

Tout l'intérêt repose sur le volume et la nature des frais réels que l'on peut considérer comme professionnels. Beaucoup d'entre eux, parfois insoupçonnables, peuvent entrer dans cette catégorie. L'administration ne donne des exemples (énoncés ci-dessus) qu'à titre indicatif. La liste des frais réels n'est donc pas exhaustive. Sachez, par exemple, que vous pouvez y inclure tous vos frais de représentation (de vêtements et même de prothèse dentaire) et, éventuellement, de bureau à domicile.

Les salariés contribuables qui ont intérêt à choisir cette formule sont nombreux. Certains possèdent même un profil type : ils effectuent un trajet domicile-lieu de travail de l'ordre de 20 ou 30 km aller et retour et perçoivent une rémunération annuelle inférieure ou égale à 150 000 F.

Bon à savoir

S'il n'a pas choisi le régime des frais réels au moment de sa déclaration d'impôts, le salarié peut malgré tout en demander le bénéfice au plus tard le 31 décembre de la deuxième année suivant celle de la mise en recouvrement de l'impôt.

7/ En faisant garder vos enfants

On a parfois tendance à oublier que les frais de garde des enfants âgés de moins de 7 ans (au 31 décembre de l'année d'imposition) donnent lieu à une réduction d'impôt égale à 25 % des sommes versées. Celles-ci ne doivent pas excéder 15 000 F par an, et par enfant (à la charge du contribuable bien sûr). Tous les parents — célibataires, veufs, divorcés, concubins ou mariés — peuvent bénéficier de cette déduction d'impôt, à condition d'exercer une activité professionnelle (même à mi-temps).

Tout ce qui a été versé à la nourrice, à la baby-sitter, au personnel de maison, aux crèches ou aux garderies collectives est, de fait, pris en compte. Pour réclamer cette réduction d'impôt au titre des frais de garde, il faut toutefois être en mesure de fournir les preuves de ses dépenses. Mais le Trésor public, qui peut les demander, n'est pas très précis sur leur bien-fondé. On peut donc présenter un simple reçu (de la nourrice, de la baby-sitter ou de la crèche), un relevé de compte bancaire et même un talon de chèque : cela fera parfaitement l'affaire.

Avec deux enfants en bas âge, par exemple, vous déduirez ainsi la somme de 7 500 F par an.

> **Bon à savoir**
>
> **N'oubliez pas de mentionner ces dépenses pour garde d'enfant(s) sur la déclaration de ressources destinée à la Caisse d'allocations familiales. Celle-ci appliquera ainsi une réduction de charge d'un montant maximal de 5 000 F (qui jouera sur le calcul des diverses allocations versées) pour tout enfant de moins de sept ans.**
> **Sachez que vous pouvez également bénéficier d'une allocation de garde d'enfant (âgé d'au moins 3 ans) à domicile, à condition d'avoir versé à l'URSSAF la totalité des cotisations sociales dues pour la personne employée, et d'avoir exercé une activité professionnelle suffisante. L'allocation de garde sera égale au montant de ces cotisations sociales (salariales et patronales), dans la limite de 2 000 F par mois (au 1er juillet 1991).**

7 bis/ En déduisant les charges sociales de son personnel de maison

Quand on a la chance d'avoir du personnel de maison, ce qui pèse le plus (ou presque), ce sont leurs charges sociales. Celles-ci sont même tellement dissuasives que, parfois, l'on préfère n'engager personne chez soi plutôt que de les acquitter.

Heureusement, tout évolue, même dans un pays où la vocation première n'est pas de favoriser les riches à vivre entourés de domestiques. Après nous avoir dissuadé, on va maintenant nous encourager ! Ce bon vieux Conseil d'État vient en effet de rendre un avis particulièrement sympathique pour tous ceux qui souhaitent embaucher — ou conserver — leur personnel domestique. Cet avis dit, en substance, que toutes les charges sociales versées par les particuliers pour leurs employés de maison sont déductibles du revenu de ces employeurs.

Si le Conseil d'État s'est prononcé en la matière, c'est parce qu'il s'est vu transmettre, par la cour administrative d'appel de Paris, le dossier d'une requête présentée par Michel Charasse, notre ex-ministre délégué chargé du Budget, qui tendait à l'annulation d'un jugement du 21 mars 1989 par lequel le tribunal administratif de Paris avait accordé à un certain monsieur Dattée la décharge des cotisations supplémentaires à l'impôt sur le revenu auxquelles il avait été assujetti au titre des années 1982 à 1989.

Cette requête de M. Charasse, plutôt négative dans le fond, a eu au moins l'avantage de soulever une question de droit nouvelle, présentant une difficulté sérieuse et se posant dans de nombreux litiges.

Pour rendre l'avis suivant, le Conseil d'État a donc dû interpréter toute une série de textes (lois, ordonnances, décrets) :

> « *Les contributions patronales versées par les particuliers à raison de leurs employés de maison, en application de l'article L. 351-3 du code du travail, sont déductibles du revenu de ces*

employeurs, pour déterminer la base de l'impôt sur le revenu dont ils sont redevables, en vertu d'une disposition expresse de l'article L. 352-3 du code du travail dans sa rédaction issue de la loi du 16 janvier 1979. »

« Si l'article 156 du code général des impôts, dont les dispositions sur ce point sont issues de l'article 65 de l'ordonnance du 30 décembre 1968, énumère limitativement les dépenses déductibles du revenu global, et prévoit notamment que " le revenu net est déterminé sous déduction des versements effectués pour les gens à titre de cotisation de sécurité sociale, à l'exception de ceux effectués pour les gens de maison ", ces dispositions ne peuvent, en tout état de cause, faire échec à des dispositions législatives postérieures, qui doivent seules recevoir application, à compter de leur date d'entrée en vigueur. »

« De même, si les contributions patronales versées par les particuliers pour leurs employés de maison constituent un emploi de leur revenu et n'entrent pas, par suite, dans la catégorie des dépenses effectuées en vue de l'acquisition et de la conservation du revenu, déductibles selon les termes de l'article 13 du code général des impôts, ce texte de portée générale et antérieur à la loi du 16 janvier 1979 ne peut davantage faire obstacle à l'application des dispositions de cette loi. »

« Enfin, la circonstance que la disposition en cause ait été insérée dans le code du travail et non dans le code général des impôts, est sans influence sur son applicabilité. »

L'avis du Conseil d'État est donc très clair. En outre, il est novateur. Désormais, vous — cela s'adresse bien sûr à ceux qui en ont les moyens — n'aurez plus de raison de vous énerver lors du paiement des charges sociales et retrouverez ainsi vos fastes d'antan.

> **BON À SAVOIR**
>
> **Cet avis rendu par le Conseil d'État rentre tout à fait dans les mesures — présentées en conseil des ministres le 30 octobre 1991 — destinées à favoriser — et à relancer — les emplois dits de proximité. En permettant aux particuliers la possibilité de déduire les charges sociales de leur personnel de maison, il est évident que cela était à l'origine destiné à encourager l'embauche. Mais attention ! Depuis début 1992, le champ d'application de la loi (article 352-3 du code du travail) a été partiellement réduit. Renseignez-vous.**

8/ En préférant le concubinage au mariage

Le concubinage, tout le monde connaît : c'est un statut civil qui permet à un couple de vivre ensemble sans passer devant le maire, tout en bénéficiant des mêmes avantages, ou presque, que ceux accordés aux couples mariés.

Fiscalement, le concubinage peut, en outre, être beaucoup plus intéressant que le mariage. Tout dépend, en fait, de la situation personnelle de chaque contribuable. A chaque cas s'applique le système du quotient familial qui, selon le nombre de parts, permet d'atténuer la progressivité de l'impôt sur le revenu.

Pour un couple sans enfant, disposant de deux

revenus, le concubinage est préférable si l'un touche un revenu plus faible que l'autre, ou si les deux ont un revenu modeste. Lorsqu'il y a des enfants, cela peut devenir particulièrement avantageux (à condition, bien sûr, que chacun des concubins perçoive un revenu qui lui donne droit à une part). Le premier enfant naturel comptant pour une part (1/2 pour le légitime), le couple en union libre (ça se dit aussi...) sera imposé sur trois parts (2,5 pour le couple marié).

Le concubinage ressemble à un véritable petit paradis fiscal lorsque le couple a deux enfants. Comparé au couple marié qui compte trois parts (2 parts pour le couple, 1/2 part pour chacun des enfants), il en bénéficie, lui, de quatre (1 part pour le premier concubin + 1 part pour le premier enfant naturel + 1 part pour le second concubin + 1 part pour l'autre enfant, considéré comme premier enfant naturel si chacun déclare un enfant à sa charge).

Il s'agit donc de bien répartir la charge des enfants, ce qui n'est pas très compliqué, pour bénéficier d'une sérieuse diminution d'impôts. A titre d'exemple, une enquête très intéressante de l'Union nationale des allocations familiales (UNAF) a révélé le montant des économies d'impôts réalisées par les concubins par rapport aux couples mariés. Pour des revenus s'élevant à 18 000 F par mois, les concubins à revenus égaux ayant un enfant se voient accorder une réduction d'impôt supplémentaire de l'ordre de 14 %, et de 21 % lorsqu'ils ont trois enfants. Quant à ceux dont les revenus sont inégaux, et qui ont trois ou quatre enfants, la diminution de l'impôt s'élève à plus de 40 % !

Un conseil : si, pour des raisons de valeurs, d'illusions ou de cadeaux, vous tenez absolument à vous marier, faites-le à l'église (ou à la synagogue, ou au temple, ou ailleurs) sans passer par la case « mairie ». En plus, c'est beaucoup plus romantique…

> **Bon à savoir**
>
> **Les avantages fiscaux sont encore plus mirifiques pour les veufs vivant en concubinage, puisque l'enfant d'un veuf donne droit à 1,5 part si la personne ne s'est pas remariée. Un veuf avec un enfant, marié avec une veuve dans la même situation, bénéficiera de 3 parts, alors que ces mêmes personnes vivant en concubinage pourraient en compter 5.**

9/ En divorçant si vous êtes mariés

Ce n'est pas parce que vous êtes mariés qu'il faut vous interdire les réductions d'impôts accordées aux seuls concubins. En faisant le calcul de ce que vous perdez par rapport à eux, il est peut-être utile de reconsidérer votre situation familiale.

Rien ne vous empêche d'opter pour le divorce tout en continuant à vivre maritalement, comme si de rien n'était. Qu'est le mariage sinon un simple contrat liant deux parties ?

Si l'administration fiscale cherche à vous faire des ennuis, dites-lui que vous restez à la maison pour les enfants…

BON À SAVOIR

En matière de succession, les concubins sont encore, et malheureusement, considérés comme des étrangers. Ils ne peuvent donc bénéficier d'aucun abattement et paient le droit de mutation maximal (60 %). Une astuce leur est toutefois offerte : la tontine.
Inventé en 1653 par Lorenzo Tonti, un banquier napolitain installé en France, ce principe permet à deux personnes sans lien de parenté d'acheter un bien commun qui restera la propriété du survivant après le décès de l'un des deux acquéreurs, sans qu'il ait pour cela à payer de droits de succession. Deux concubins peuvent donc faire inclure une « clause de tontine » lors de l'acquisition de leur résidence commune.
Sachez quand même que la tontine ne s'applique que si la valeur de la résidence est inférieure ou égale à 500 000 F. Et à la condition expresse que le survivant s'engage à conserver le bien (à usage d'habitation) pendant trois ans. Ainsi, ce même survivant ne paiera que les droits de vente d'immeuble (5,40 %) au lieu des 60 % de droits de succession exigibles entre personnes étrangères.

10/ En choisissant la date de naissance de vos enfants

En nous étouffant, les institutions nous ont, peu à peu, privé de nos illusions. A défaut, elles nous ont au moins appris les affres de la programmation. Désormais, on programme sa vie de famille comme on programme un ordinateur. Et si, pour se libérer quelque peu de cet étouffement fiscal, l'on en vient aujourd'hui à se demander quel statut civil adopter, à quelle date se marier ou combien d'enfants à charge faut-il avoir, c'est de leur faute !

Le dernier coup de vice de l'administration fiscale, c'est de nous contraindre à choisir la date de naissance de nos enfants. Quel manque de tact de sa part !... Ainsi, c'est cette fameuse date de naissance qui donnera droit à une demi-part (ou à une part selon votre situation familiale et le nombre de vos enfants) dans la déclaration de vos revenus de l'année, sans que le budget familial ne soit réduit par la charge qu'entraîne l'arrivée de votre enfant.

Autrement dit, et les derniers idéalistes voudront bien excuser ce conseil bassement matériel, la date idéale de naissance de votre enfant serait le 31 décembre 1992 à 23 h 55. Votre épouse (ou concubine) sera peut-être un peu patraque pour célébrer la nouvelle année, mais votre enfant sera compté à charge pendant l'exercice 1992, alors qu'il n'aura justement pas été une charge pour vous au cours de l'année.

La meilleure date fiscale de naissance est aussi celle qui permet aux parents de bénéficier, le plus longtemps possible, des avantages procurés par le système du quotient familial. Pensez donc à la date de naissance, mais aussi au rythme régulier et à l'écart observé entre les naissances (comptez 12 à 18 mois chaque fois). Prenons l'exemple d'un couple qui décide de « programmer » trois enfants, tous nés à 18 mois d'écart. Durant une période comprise, en moyenne, entre 16 et 18 ans, celui-ci profitera ainsi des avantages d'une famille nombreuse. Alors qu'un couple qui aurait attendu 8 ans avant d'avoir un troisième enfant ne bénéficierait des avantages d'une famille nombreuse que pendant 8 à 9 ans.

Bon à savoir

Le rythme des naissances a donc une influence non négligeable sur les déductions fiscales qu'il entraîne, mais aussi sur l'octroi et le montant des allocations familiales et sociales qui dépendent du quotient familial.

A NE PAS FAIRE

Il existe des petits malins qui, lors du calcul de leur quotient familial, jouent avec le feu. Leur truc, c'est de déclarer une nouvelle naissance chaque année, sans que celle-ci ait obligatoirement eu lieu. Certains d'entre eux accumulent ainsi les parts de quotient familial « bidons » en comptabilisant des enfants fictifs. Non seulement ce procédé est illégal, mais, en plus, il est très risqué. En cas de contrôle fiscal, la découverte de ce pot aux roses peut entraîner de graves sanctions pour les fraudeurs.

11/ En bénéficiant du statut de non-résident

Évidemment, cette « technique » est un peu restrictive. D'abord parce qu'elle peut paraître compliquée à réaliser. Ensuite parce qu'elle n'est pas ouverte à tout le monde. Mais c'est fou ce qu'elle procure comme avantages fiscaux !

Avant toute chose, il est peut-être utile de préciser ce qu'on entend par « non-résident ». D'après la loi (2e paragraphe de l'article 1er de l'arrêté du 9 août 1973),

« il faut entendre par non-résidents les personnes physiques ayant leur résidence habituelle à l'étranger et les personnes morales françaises ou étrangères pour leurs établissements à l'étranger. Il est précisé que les personnes physiques de nationalité française, à l'exception des fonctionnaires français en poste à l'étranger, acquièrent la qualité de non-résident lorsqu'elles sont établies depuis plus de deux ans ».

Par extension à ce texte, pas trop tarabiscoté pour une fois, il est stipulé que le domicile habituel est celui où l'on habite au moins 6 mois par an (183 jours exactement), où l'on acquiert l'essentiel de ses revenus — ou bien où l'on a la part prédominante de ses activités — et, enfin, où l'on a l'essentiel de sa vie de famille.

En devenant non-résident, on n'est plus soumis au régime fiscal français (du moins pour les revenus acquis en France). Et, en matière douanière, on bénéficie des mêmes facilités que celles accordées aux touristes étrangers (remboursement de la TVA sur les achats effectués en France, achat de véhicule TT, importation temporaire, en franchise, d'objets achetés à l'étranger...). Bien entendu, un non-résident doit prouver qu'il possède cette qualité. C'est, par exemple, le cas lors d'un contrôle de douane ou bien pour se faire ouvrir en France un compte de non-résident (précisons que seuls les non-résidents sont autorisés à posséder des chéquiers sur une banque située à l'étranger). La carte consulaire, obtenue auprès du consulat, reste encore le moyen le plus simple et le moins contestable d'établir que l'on est effectivement non-résident.

Voyons maintenant les applications réelles issues du statut de non-résident à l'aide d'exemples bien précis :

— *pour les riches :* Admettons que vous vous retrouviez en possession d'un patrimoine de valeurs mobilières estimé à 100 millions de francs (on peut toujours rêver...). En France, ce sera le ponctionnement fiscal obligatoire de 1,5 % (1,5 million de francs donc). A l'étranger, ce même patrimoine sera totalement exonéré, sous réserve bien sûr d'avoir obtenu le statut de non-résident. Il ne vous reste donc plus qu'à l'obtenir. Installez-vous alors dans un pays européen, ressortissant de la CEE (c'est mieux car on ne tamponne plus les passeports), prêtez votre appartement à un ami (vous pouvez aussi le louer), dénichez-vous une cahute dans laquelle vous installerez quelques meubles et ouvrez un compte bancaire dans le pays choisi. En y séjournant au moins 183 jours par an, vous aurez la qualité de non-résident et bénéficierez ainsi de l'exonération totale de vos placements financiers (actions, obligations, sicav...). Compte tenu de la libre circulation des personnes et des capitaux au sein des pays membres de la CEE, et donc de l'absence de tout contrôle aux frontières, la tentation de n'avoir qu'une adresse de circonstance à l'étranger et de n'y faire que quelques sauts de puce durant l'année peut être grande. D'autant plus grande si vous avez choisi un pays frontalier, très facile d'accès grâce aux nouvelles voies de communication, qui ne se trouve pas bien loin de votre ex-résidence française. Même s'il est difficile, voire impossible, de vérifier tous vos déplacements — en particulier pour connaître la durée réelle de votre séjour à l'étranger —, sachez qu'il faut éviter de jouer à cache-cache avec le fisc français dont l'une des priorités est de faire la chasse aux faux non-résidents.

— *pour les retraités :* On ne vous apprendra rien si l'on vous dit que la charge fiscale paraît toujours plus lourde sur les retraites que sur les revenus de la période d'activité. Supposons que vous soyez, vous et votre épouse, un couple de retraités à l'aise. Pour vous, le rêve serait alors de trouver une résidence fiscale dans un pays à fiscalité réduite. Bien sûr, il faudra théoriquement y séjourner au minimum 183 jours par an, mais cela peut se révéler particulièrement agréable si vous choisissez un lieu où l'hiver est plus doux : Monaco, Chypre, Andorre, Campione ou encore San Marino. Avant d'effectuer vos petits calculs, n'oubliez pas que, si les retraites du secteur privé sont taxées dans l'État de résidence, celles de la fonction publique restent imposées dans l'État d'origine.

— *pour les artistes, les écrivains et les sportifs :* Dans ces catégories-là, les revenus sont en général très variables d'une année sur l'autre (ils peuvent d'ailleurs avoir été perçus durant une période très courte de l'existence). Il s'agit donc d'éviter qu'ils ne soient surtaxés en France lors des années de vaches grasses. L'évasion fiscale, obtenue grâce à la qualité de non-résident, est encore ce qu'il y a de plus convenable pour minorer ses impôts. On peut trouver assez facilement des pays à fiscalité réduite proches de la France. Le tout est de bien choisir son pays d' « adoption » en fonction de ses activités. En Irlande, par exemple, les écrivains, compositeurs, peintres et sculpteurs sont totalement exonérés d'impôts sur le revenu. Curieusement — et doit-on y voir là une sorte d'ironie du sort ? — ce n'est autre que l'inspecteur des impôts irlandais qui s'assure du caractère artistique des œuvres ! Quant à la fiscalité suisse, parfois forfaitaire, et qui permet une véritable négociation de l'impôt, elle continue d'attirer son contingent régulier de sportifs, même si elle n'est pas aussi généreuse qu'on pourrait le supposer.

Sachez toutefois que la loi française permet désormais de répartir sur plusieurs années les revenus « exceptionnels » de certains de ces contribuables. Mais il faut croire que cela n'a pas vraiment rassuré les artistes ou sportifs, puisque le flux d'émigrés fiscaux est toujours aussi abondant.

BON À SAVOIR

Un Français non-résident qui rentre définitivement en France retrouve aussitôt le régime des résidents. Et là, c'est forcément moins rigolo car il doit clore les comptes de non-résident qu'il pourrait posséder dans les banques françaises, et les transformer en comptes de résident. Il pourra toutefois conserver ses avoirs à l'étranger (autres comptes bancaires, valeurs mobilières...), à condition que les revenus de ces avoirs soient rapatriés et déclarés.

12/ En voyageant beaucoup pour raisons professionnelles

Une fois encore, cette astuce n'est pas donnée à tous. Mais elle concerne suffisamment de contribuables — les cadres travaillant dans une entreprise ayant des filiales à l'étranger — que ne pas la dévoiler serait regrettable.

Il ne s'agit pas, ici, de vous faire un cours théorique sur tous les montages financiers — et donc fiscaux — suscités par l'implantation d'entreprises françaises à l'étranger. Un exemple, auquel certains d'entre vous pourront se référer, semble donc mieux à propos.

Prenons le cas de Michel C. Marié et père de deux

enfants, Michel C. travaille dans une équipe d'ingénieurs d'affaires chez un constructeur français d'équipements pour l'industrie. Depuis 5 ans, date de son entrée dans la société, il en a vu du pays : l'Afrique, le Moyen-Orient, les États-Unis, l'Europe... C'est normal : son entreprise, qui possède de nombreuses filiales à l'étranger, l'envoie pour de longues missions hors de France.

Tout cela est d'autant plus intéressant que Michel est un contribuable heureux. Une exonération totale de l'impôt sur le revenu touché en France est en effet accordée aux cadres qui travaillent à l'étranger sur des chantiers de construction ou des sites miniers. Michel a la grande chance d'en bénéficier puisque la durée de ses missions à l'étranger est supérieure à 183 jours par an. En outre, les revenus déclarés dans le(s) pays où s'exercent ses activités sont frappés d'un impôt qui représente les deux tiers de l'impôt qui aurait été payé en France pour le même revenu. Michel, pourtant, ne travaille pas forcément sur des chantiers. Tout comme il ne peut justifier de séjours prolongés. Mais ces dispositions, déjà bien libérales, ont encore été améliorées. Désormais, la notion de « chantiers » est étendue à la prospection commerciale au sens le plus large du terme. Quant à la règle des 183 jours, elle est beaucoup moins stricte qu'auparavant. Un cadre n'est plus obligé d'effectuer des séjours prolongés à l'étranger. Additionner des voyages de courte durée, ce qui offre beaucoup plus de souplesse, fera tout à fait l'affaire.

Voilà comment Michel a découvert que lui (et ses employeurs) pouvaient vivre dans un merveilleux paradis fiscal, créé pour eux, presque sur mesure, à l'intérieur même du code général des impôts.

Cas d'un cadre marié, père de deux enfants, travaillant dans une entreprise ayant des filiales à l'étranger				
en francs	Salaire brut	Impôt	Cotisations sociales salarié	Cotisations sociales employeur
Si tout le salaire est payé en France	800 000	171 500	112 000	280 000
Si le salaire est partiellement versé par des filiales étrangères	800 000	140 600	91 400	196 400
... dont :				
France	300 000	54 500	42 000	105 000
États-Unis	300 000	53 600	21 400	21 400
Espagne	100 000	20 000	14 000	35 000
Pays-Bas	100 000	12 500	14 000	35 000
Bénéfices de l'opération		– 39 900	– 20 600	– 83 600

Commentaire

Si un cadre d'une entreprise française exerce une partie de son activité dans des filiales étrangères, et cela durant au moins 183 jours par an, les salaires correspondants peuvent lui être versés directement par ces filiales. Le mieux, bien sûr, est que celles-ci soient situées dans des pays à fiscalité réduite. Cela permet en effet de réaliser des économies d'impôts et de charges sociales particulièrement juteuses comparées à un salaire qui serait intégralement payé et imposé en France. Ainsi, le contribuable cité en exemple dans le tableau ci-dessus économise 30 900 F d'impôts sur le revenu et 20 600 F de cotisations sociales. Quant à son employeur, il parvient à « épargner » jusqu'à 83 600 F sur ses charges sociales !

Bon à savoir

Toutes les astuces fiscales qui sont à la disposition des cadres globe-trotters et de leurs entreprises sont, à défaut d'être encouragées, parfaitement tolérées par le fisc français. Est-ce trop beau pour être vrai ? L'attitude presque complaisante dont fait preuve le fisc en la matière s'explique, en fait, par un objectif fondamental des gouvernements actuels : plus que jamais, le développement international est devenu la priorité des priorités. C'est donc pour favoriser ce qui permet l'implantation d'entreprises françaises à l'étranger et d'en assurer le développement que le fisc, d'ordinaire très répréhensif, s'est insidieusement transformé en bonne mère entremetteuse. Et comme certains pays étrangers — en particulier ceux qui sont nos concurrents les plus directs — sont loin d'être des petits saints dans le domaine fiscal, il semble évident que la Direction générale des impôts ne veuille pas désavantager (ni décourager) les Français entreprenants.

A NE PAS FAIRE

En matière d'implantation et d'activités à l'étranger, le petit démon de la fraude fiscale suscite bien des tentations. Il est par exemple courant que les salaires touchés hors de France ne soient pas déclarés au fisc ou à la Sécurité sociale du (ou des) pays concerné(s). D'autre part, nombreux sont les cadres globe-trotters qui, se faisant verser une partie de leur salaire par des filiales étrangères, trichent sur la durée de travail réellement effectuée au sein de ces mêmes filiales, situées comme par hasard dans des pays à fiscalité réduite.

13/ En cédant vos droits à une société étrangère

Cette opération, qui a tendance à se développer de plus en plus, peut se révéler particulièrement intéressante pour les professions dites artistiques (et même pour certaines autres professions libérales). Elle consiste tout bêtement à céder ses droits d'auteur — qui, en tant que revenus, sont imposés jusqu'à 56,8 % en France — à une société se trouvant dans un pays où l'imposition est beaucoup plus faible (de 0 à 10 %, selon les pays).

Une opération d'autant plus intéressante qu'elle ne nécessite pas une mise en place compliquée. De nombreux comédiens, musiciens, cinéastes, écrivains, journalistes, photographes, scénaristes, peintres ou sculpteurs, qui ressentent une sorte de ras-le-bol d'abandonner la moitié de leurs droits d'auteur à l'État, procèdent ainsi...

Céder vos droits au bénéfice d'une société étrangère

suppose tout d'abord, pour plus de sûreté, que vous la créiez vous-même. Vous-même, c'est une façon de parler. Disons plutôt, par l'intermédiaire d'un conseiller juridique spécialisé en la matière qui s'occupera de tout, c'est-à-dire de la constitution, des transactions et de la gestion. Comptez entre 30000 et 60000 F de frais de constitution auxquels il faudra ajouter, chaque année, environ 10000 F de frais de gestion (ou un pourcentage sur les transactions).

Une fois constituée, cette société aura son siège social dans un pays peu imposé fiscalement pour les professions artistiques (la Hollande, par exemple). En Hollande, donc, il existe des traités conclus avec de nombreux pays dans le but d'éviter la double imposition. Cela signifie que, si vos royalties — autrement dit vos droits d'auteur — sont destinés à une société hollandaise, leur imposition sera pratiquement réduite à néant.

Il est clair que ce genre de société, dont vous n'êtes officiellement qu'un client, a pour vocation première d'assister juridiquement et fiscalement ses « clients » pour protéger le mieux possible leurs intérêts.

Sans trop entrer dans les détails techniques (laissez plutôt cela à votre conseiller juridique ou fiscal qui sera à la base de l'opération), il est peut-être utile de donner quelques exemples à travers différents types de sociétés :

— La société A est spécialisée dans l'obtention de licences pour l'exploitation de films vidéo, de disques, de photographie ou de tout autre droit de propriété littéraire, et peut re-céder des sous-licences au regard desdits droits. Le propriétaire de ces droits donne autorisation à la société A de les exploiter et, en conséquence de quoi, la société lui paiera des royalties. Le profit de la société A consiste alors en la marge entre les royalties reçues et celles qui sont versées.

— La société B se consacre spécifiquement à l'acquisition de droits de distribution de produits audiovisuels et détient 5 % (ou moins) du capital de certaines filiales hollandaises. Ces filiales peuvent ensuite acheter des droits de distribution de productions audiovisuelles et fournir des licences aux distributeurs. Il est à noter que la participation de la société B au capital permet aux « filiales » de ne délivrer qu'un petit pourcentage des royalties perçues comme revenu imposable en Hollande. Cette même société permet aussi de ne dévoiler le prix d'achat qu'un an après que la production audiovisuelle ait été révélée publiquement.

— La société C travaille au service d'artistes (comédiens, musiciens, photographes ou autres) qui exercent leur activité dans différents pays. Normalement, leurs rémunérations sont perçues par eux-mêmes ou par leur agence, et sont donc assujetties à l'impôt sur le revenu dans le(s) pays où le travail a réellement été effectué. Mais la société C, utilisée en tant qu'agence, offre la possibilité de réduire la cotisation à l'impôt en profitant des bénéfices des conventions fiscales internationales. Elle bénéficie également de taux de cotisation favorables sous ce traité.

— La société D propose un paiement différé dans le temps (à l'étranger, on dit un « *Deferred Royalty Program* ») à ses « clients », basé sur le principe qu'aucun impôt sur le revenu n'est imposable sur le revenu de royalties courant ou le revenu d'investissements accumulés, jusqu'à ce que celui-ci soit payé par le client. La société D fournit des licences ou achète certains droits de propriétés. Les royalties reçues (par elle, bien sûr) seront ensuite investies dans un système de taxe efficace, en coopération avec un conseiller en investissement. Cela permet à l'artiste d'échelonner ses revenus

— notamment sur des périodes où il ne travaille pas — et, ainsi, de payer des impôts à des taux moins élevés.

BON À SAVOIR

Céder ses droits à une société étrangère est tout à fait légal, même si le but avéré n'est autre que l'évasion fiscale. Dans ce genre d'opération, le mieux est, bien sûr, de ne pas trop attirer l'attention. Discrétion et prudence s'imposent donc.
N'oubliez jamais toutefois que, quoi qu'il advienne, les grands principes du droit sont avec vous. En France, la Cour de cassation a l'immense mérite d'avoir, à plusieurs reprises, précisé que les lois fiscales devaient être interprétées de façon restrictive, en jugeant que « ... ***dans les lois de finance comme dans les lois pénales, ce qui n'est pas prévu, ce qui n'est pas ordonné ou défendu, est permis, et ne peut être exigé ou défendu*** **». En Angleterre et aux États-Unis, c'est encore mieux. En 1936, à la Chambre des Lords, Lord Tomlin déclarait : «** ***Chaque homme a le droit d'organiser ses affaires d'une façon telle que l'impôt applicable est, suivant la loi, inférieur à ce qu'il eût été autrement.*** **» Un an auparavant, aux États-Unis, le juge Sutherland, de la Cour Suprême, professait : «** ***Il n'est pas discutable de mettre en question le droit d'un contribuable de diminuer ou supprimer le montant de ses impositions par des moyens légaux.*** **» C'est quand même formidable d'être encouragé à ce point...**

14/ En créant une société « off-shore »

Le principe est un peu le même que la cession des droits à une société implantée à l'étranger. Il concerne les professions libérales qui ressentent une certaine lassitude de verser la majeure partie de leurs revenus à l'État. Ces professions, auxquelles vous appartenez peut-être, vous offrent la possibilité de constituer une société à l'étranger — qui entre dans la catégorie dite « off-shore » — dans le but de vous alléger fiscalement.

Ici non plus, il ne s'agit pas de vous assommer avec une avalanche de détails techniques, mais plutôt de vous livrer un exemple, un seul, qui devrait retenir votre attention :

Admettons que, en qualité de profession libérale, vous vous serviez de votre appartement pour exercer vos « talents ». Si vous le louez, vous pourrez déduire de vos impôts le montant des loyers versés. Si vous l'achetez, une partie des crédits sera remboursée.

Supposons maintenant que vous décidiez de le faire acheter par une société — une SCI (ou équivalent) par exemple — constituée, par les soins de votre conseiller fiscal, dans un pays peu imposé. L'intérêt est alors double : non seulement vous achèterez, au nom de la société, cet appartement avec de l'argent — votre argent — non imposable en France, mais, en plus, vous pourrez le louer à vous-même (sans que cela apparaisse) et ainsi déduire les loyers versés de votre déclaration de revenus. Cette très juteuse opération, dont les frais sont identiques au moyen précédent (création d'une société à l'étranger qui gère vos droits d'auteur), ne vaut le coup que si vos revenus (réguliers ou irréguliers) s'élèvent à une certaine somme.

15/ En stockant tous ses revenus dans une SARL

Cette petite astuce, exclusivement adressée aux professions libérales, est d'une telle simplicité et d'une telle efficacité qu'il serait vraiment dommage de s'en priver.

Si vos revenus sont imposés à 56,8 %, ce qui correspond à la tranche d'imposition la plus forte, versez-les dans une SARL quelconque que vous aurez préalablement créée, et dont vous serez dorénavant salarié. Ce tour de passe-passe élémentaire fera chuter votre imposition à 34 %, d'où une économie de l'ordre de 23 %.

34 %, c'est le nouveau taux de l'impôt sur les sociétés qui a été voté l'année dernière pour la loi de finances de 1992 (il était de 42 % auparavant). Il ne serait donc pas étonnant que, désormais, l'on observe une forte poussée de petites sociétés. Comme les champignons après la pluie...

16/ En contournant les droits de mutation

Lorsque l'on achète un bien immobilier (maison, appartement), il est un impôt incontournable : celui des droits de mutation. Un impôt particulièrement pesant — aux alentours de 10 % — dont à vrai dire on se passerait bien. Pour l'exemple, si une personne X débourse 1 million de francs pour s'offrir un appartement, elle devra rallonger 100 000 F à titre de droits de mutation.

Il existe heureusement un moyen, détourné et légèrement insidieux, qui permet de passer à travers, au moins pour un certain temps. Donc si vous, particulier, décidez de vous acheter un appartement, changez de statut pour l'opération en vous transformant en marchand de biens. Ce n'est pas très compliqué : il suffit tout simplement de créer une SARL de marchand de biens. Faites les démarches vous-même — le centre de formalité des entreprises de votre département est là pour ça — de façon à éviter le passage onéreux (environ 20 000 F) chez le conseil juridique. Et, dans le mois du commencement de votre nouvelle activité, souscrivez une déclaration d'existence auprès du Centre des Impôts dont vous dépendez. Vous voilà donc marchand de biens ! Nul besoin, pour se prévaloir de cette qualité, de justifier d'une carte professionnelle.

C'est justement ce statut qui va vous permettre de ne pas payer les fameux 10 % de droits de mutation pour votre acquisition immobilière. Vos droits dus se limiteront à la seule taxe de publicité foncière, c'est-à-dire 0,6 % (à laquelle il faudra tout de même ajouter un peu moins de 2 % en frais divers). 7,5 % d'économie, ce n'est pas rien ! Pour un appartement d'une valeur de 1 million de francs, vous gagnez carrément 75 000 F par rapport à un particulier qui, lui, aurait été obligé de s'acquitter des droits de mutation.

Toutefois, il existe des conditions à l'exercice de cette qualité. L'article 1115 du code général des impôts prévoit expressément que, pour bénéficier de l'exonération des droits de mutation, le marchand doit souscrire, dans l'acte d'achat du bien immobilier, l'engagement de revendre dans les quatre ans (avant, c'était cinq). A moins que vous ne désiriez changer d'appartement tous les quatre ans, cela vous oblige donc à vous séparer de votre acquisition. En cas de non-revente dans le mois de l'expiration de ce délai, l'administration vous taxerait illico des droits de mutation initialement dispensés, plus d'un droit supplémentaire de 6 %. Il existe néanmoins des moyens conditionnels de faire allonger ce délai et d'obtenir une réduction de ses droits, mais cela pourrait éveiller la suspicion de l'administration fiscale qui n'aime pas trop que les particuliers se transforment en marchands de biens dans le seul but d'échapper au paiement des droits.

Deux possibilités vous sont alors offertes :

— En qualité de marchand de biens, vous revendez votre appartement au bout de quatre ans (en souhaitant que l'opération immobilière aura été bonne) et conservez les 75 000 F — qui correspondent à l'économie réalisée grâce à la dispense des droits de mutation — que vous aurez intelligemment placés — à un taux d'intérêt de 9 % par exemple — dès l'acquisition du bien.

— En qualité de particulier, vous « rachetez » votre appartement à votre femme — c'est elle (que vous avez épousée sous le régime de la séparation de biens) qui devra apparaître comme la gérante de la SARL de marchand de biens — pour une somme légèrement inférieure ou égale à celle déboursée lors de l'acquisition du bien (on peut toujours arguer que, compte tenu de la crise qui sévit dans l'immobilier, on revent comme on peut...).

L'intérêt d'opter pour la qualité de marchand de biens dans le cas de l'achat de votre appartement, c'est que vous serez obligatoirement gagnant, cela quelle que soit votre décision au bout de quatre ans.

Bon à savoir

Cette petite opération est, bien évidemment, à manier avec précaution (vous faire conseiller par un ami notaire ou, mieux, un marchand de biens ne sera pas de trop). Car, en la matière, il existe certains contentieux dans lesquels ce n'est pas l'exécution de l'engagement qui est en cause, mais l'engagement lui-même. Celui-ci correspondait-il à

la véritable intention de l'acquéreur ou n'a-t-il été souscrit par lui que dans le seul but d'échapper au paiement des droits de mutation ? S'agit-il d'un détournement ou d'une fraude à la loi ?
Fort heureusement, l'administration fiscale s'est retrouvée le bec dans l'eau lorsqu'elle a tenté de se prévaloir de la procédure de répression des abus de droit pour contrôler la qualité des engagements souscrits. Ce qui veut dire qu'elle ne peut parler de fraude que lorsque celle-ci apparaît évidente. Qu'entend-on, alors, par fraude évidente ? Il semble qu'on ne puisse l'invoquer que dans le cas d'espèce suivant : une entreprise, désirant acquérir les locaux de son siège social, sans avoir à assumer les droits de mutation à titre onéreux y afférents, constitue une SNC, filiale de marchand de biens, qui les acquiert au bénéfice de l'article 1115 du code et les lui donne immédiatement à bail. A côté d'une entreprise malicieuse, vous, petit particulier débrouillard, apparaîtrez bien inoffensif...
Pour vous rassurer encore plus, sachez que la Cour de cassation, dans un arrêt rendu le 18 décembre 1986, a eu la bonne idée d'écarter l'application de la procédure de répression des abus de droit.
Enfin, et pour terminer, il vous sera peut-être utile de savoir que, à défaut d'un texte disant le contraire, un marchand de biens peut très bien revendre un bien immobilier à un autre marchand de biens, et ainsi de suite, chacun se prévalant de l'exonération des droits de mutation. Grâce à cette combine, le paiement effectif des droits peut être retardé à l'infini. Voilà comment, le plus légalement du monde, on remet en cause un mécanisme...

17/ En bénéficiant de l'exonération de la taxe foncière pendant quinze ans

Normalement, tout propriétaire (ou usufruitier) d'une maison (ou d'un appartement) occupée (ou non) doit payer la taxe foncière. Certaines personnes, appartenant à des catégories bien particulières, peuvent bénéficier de l'exonération totale de cette taxe à condition d'occuper leur habitation principale seules ou avec leur conjoint. Ce sont :

— les titulaires de l'allocation supplémentaire du fonds national de solidarité, quel que soit leur âge ;

— les personnes âgées de plus de 75 ans au 1er janvier de la date de l'imposition, non passibles de l'impôt sur le revenu ;

— les titulaires de l'allocation aux adultes handicapés, quel que soit leur âge, sous réserve de ne pas être soumis à l'impôt sur le revenu.

Cela ne veut pourtant pas dire que tous les autres, non exonérés sur le papier, doivent la payer. Il existe, en effet, des exonérations temporaires de la taxe foncière (pendant 15 ans, ce qui n'est pas négligeable) sur les propriétés bâties auxquelles n'importe qui peut prétendre.

Ces exonérations sont accordées à tous les logements neufs — ainsi que les reconstructions et additions de construction — affectés à l'habitation principale de leurs occupants et financés à titre prépondérant, c'est-à-dire à plus de 50 % au moyen de prêts locatifs aidés par l'État (PLA ou PAP).

L'article 1384-A du code général des Impôts, qui fait état de cette disposition, ne précise malheureusement pas quelles sont les conditions tenant à ce caractère prépondérant. Le très bien venu arrêt 106.638 du

Conseil d'État du 21 juillet 1989 a comblé cette lacune, en stipulant que ce caractère prépondérant s'apprécie désormais au regard du coût comprenant la TVA, le prix du terrain d'assiette et celui des dépendances immédiates et indispensables.

Impôts directs — Autres impôts directs — Contribution foncière — Taxe foncière sur les propriétés bâties — Exemptions et dégrèvements. Exonération des constructions financées à titre prépondérant par des prêts aidés par l'État — Conditions tenant à ce caractère prépondérant.

Les constructions neuves à usages d'habitation financées à titre prépondérant — c'est-à-dire pour plus de 50 % par des prêts aidés par l'État — sont exonérées de la taxe foncière sur les propriétés bâties pendant 15 ans (art. 1384-A C. gén. impôts). Pour l'application de cette disposition, le Conseil d'État juge que ce caractère prépondérant s'apprécie au regard d'un coût comprenant la TVA, ainsi que le prix du terrain d'assiette et des dépendances immédiates et indispensables.

N'hésitez pas à faire référence à cet arrêt si, à la suite d'une demande d'exonération temporaire de la taxe foncière auprès du bureau du cadastre (ou du centre des impôts fonciers), les pouvoirs publics cherchent à vous faire des misères...

Bon à savoir

N'oubliez pas que les taxes locales varient selon le lieu dans lequel se trouve votre habitation. Mieux vaut alors prévoir une installation dans les communes, les villes ou même les quartiers où les taxes sont les plus réduites. Évitez, par exemple, les localités qui attirent une foule de touristes — cela nécessite la mise en place de nombreux équipements et services —, sans avoir pour autant une forte densité de population.

18/ En utilisant la location en meublé accessoire

Si vous possédez un ou plusieurs biens immobiliers, mettez-y quelques meubles et faites-y un minimum d'aménagement de façon à le(s) louer en meublé. Ceux qui ne percevront pas plus de 26 000 francs de recettes annuelles seront totalement exonérés de l'impôt sur les revenus fonciers. Et cette somme ne se calcule pas par bien, mais sur l'ensemble des locations. C'est donc sympathique, quoiqu'un peu léger…

Heureusement, il existe une petite nuance fiscale très avantageuse pour dépasser, haut la main, la barre des 26 000 F de recettes annuelles. L'administration fiscale accepte, en effet, que cette limitation s'apprécie distinctement pour les biens propres de chacun des membres du foyer fiscal. Il suffit alors que vous soyez trois au sein du même foyer fiscal (homme, femme et enfant par exemple) pour tripler la somme. Et ainsi déjouer l'imposition sur vos revenus fonciers.

19/ En vous transformant en loueur en meublé professionnel

A condition de disposer d'un gentil patrimoine immobilier, il vaut mieux parfois passer de l'accessoire au professionnel. Cela s'entend si le montant des loyers de « meublés » atteint au minimum 150 000 F par an, ou que la location meublée soit à l'origine d'au moins 50 % des revenus du « candidat ». Et, bien sûr, si ce dernier s'inscrit au Registre du commerce et des sociétés. Ces conditions étant respectées, le déficit dégagé pour cette activité est alors imputable sur le revenu global.

Ce déficit est déterminé de la façon suivante : des recettes, on peut déduire les charges, les intérêts d'emprunt, les travaux d'entretien ou de réparation, l'amortissement (toutefois plafonné), les charges de propriété, les charges sociales... En outre, lorsque le(s) logement(s) sera (seront) cédé(s), on pourra bénéficier d'une exonération pure et simple de la taxation de la plus-value, à la condition d'avoir exercé l'activité pendant 5 ans et que les recettes ne soient pas allées au-delà de 1 million de francs.

Bon à savoir

En disposant d'un patrimoine professionnel, le loueur en meublé peut échapper à l'ISF (l'impôt sur les grandes fortunes). Cette analyse, que l'on pourrait qualifier de providentielle, a été récemment confirmée par la Cour de cassation.
Saisie pour déterminer si cet outil de travail constituait un actif professionnel exonéré ou non de l'ISF, la Cour, particulièrement inspirée ce jour-

a répondu par l'affirmative (arrêt Baliak du 16 juin 1990).
Mais une condition est toutefois exigée. Aux termes de cet arrêt, « *cette exonération est subordonnée à la condition que l'activité en cause soit l'activité principale du redevable* ».
Pour bénéficier quand même de cette exonération, il suffit que, dans le cadre d'un foyer fiscal, le mari exerce une activité professionnelle autre pendant que son épouse sans activité est inscrite au Registre du commerce et des sociétés en tant que loueur professionnel. C'est donc elle qui pourra revendiquer l'exonération fiscale. Un minimum de jugeotte vous permettra ensuite de choisir la stratégie qui convient...

20/ En louant une partie de votre habitation principale

Si vous disposez d'un grand appartement ou d'une maison, cela peut vous arranger d'en louer une ou plusieurs pièces — et même de sous-louer dans la mesure où vous êtes locataire. A condition, bien sûr, qu'il s'agisse de pièces dépendantes de la résidence principale et que la location soit consentie à des conditions raisonnables. Vous serez donc, ainsi, totalement exonéré de l'impôt au titre de la location en meublé. Et vous n'aurez ni taxe professionnelle ni TVA éventuelle à acquitter.

BON À SAVOIR

Dans le même esprit, servez-vous de l'article 74 de la loi de finances pour 1984 en exploitant le filon de la location d'une chambre d'hôte (ou sa sous-location) qui bénéficie de privilèges fiscaux identiques, sous réserve de ne pas dépasser une recette annuelle de 5 000 F. Cette somme est peut-être faible, mais ses limites sont indépendantes des recettes que pourrait procurer une location de pièces dépendantes de l'habitation principale.
Ceux qui disposent de grands appartements ou de grandes maisons — qu'ils n'ont pas envie de quitter ou qu'ils veulent faire fructifier — peuvent ainsi se procurer de gentils compléments de revenus, exonérés. Le mieux est encore de mettre en place ce genre de dispositions dans des lieux où les demandes de chambres d'hôte sont les plus nombreuses : les villes universitaires par exemple.

21/ En utilisant toutes les ficelles du démembrement de propriété

Être lourdement imposé, quelle barbe ! Bien sûr, cela présume que l'on dispose de hauts revenus ou d'un joli patrimoine de valeurs (ou même des deux). Mais quelle tristesse de voir s'envoler tout cet argent — et, surtout, de le voir atterrir dans les caisses de l'État, c'est-à-dire dans un puits sans fond. Le but est donc d'en retenir le plus possible.

Les gros contribuables qui possèdent un patrimoine conséquent peuvent ainsi utiliser des astuces légales qui conjuguent placements malins et optimisation fiscale. L'une des plus efficaces est curieusement l'une des moins connues : c'est la technique du démembrement de propriété. Cette technique consiste à dissocier la jouissance d'un bien du droit de propriété. D'un côté, il y a l'usufruit (ou droit de jouir de la chose) qui permet, par exemple, de percevoir les loyers d'une location d'immeuble, ou d'habiter cet immeuble, ou encore d'encaisser les revenus de valeurs mobilières. De l'autre, il y a la nue-propriété (ou droit d'aliéner le bien) qui permet de disposer du bien, et donc de le vendre.

Le démembrement de propriété, inscrit dans le Code civil (art. 544 à 636), permet de faire d'excellentes opérations d'investissement en diminuant, voire en éludant, certains impôts. Le tout est de bien comprendre son mécanisme. Citons alors quelques exemples bien précis :

22/ Comment échapper à l'impôt de 18,1 % sur les plus-values

Si le volume annuel de cession de vos valeurs mobilières dépasse un certain seuil (déterminé chaque année par la loi de finances — 306 700 F en 1990), vous vous retrouverez avec des plus-values taxées à 18,1 % dès le premier franc. Ces 18,1 % ne seront plus qu'un mauvais souvenir si vous prenez soin de bien « démembrer » votre portefeuille pour n'en garder que la nue-propriété. L'usufruit, c'est-à-dire les revenus (coupons), sera, lui, accordé à une tierce personne. En ayant le pouvoir de disposer des titres, donc de les vendre, vous resterez le débiteur de l'impôt. Toute l'astuce est alors de constituer une nue-propriété en indivision. D'abord, le démembrement entraîne une diminution de la valeur des biens mobiliers. Ensuite, rien n'interdit de croire que la limite de la taxation des plus-values sera égale au produit du seuil légal (306 700 F) par le nombre de propriétaires indivis. Pour deux nus-propriétaires, ce seuil aurait alors été de 613 400 F en 1990 (306 700 × 2).

23/ Comment jouer à cache-cache avec l'ISF

Vous savez que le propriétaire qui cède l'usufruit à quelqu'un d'autre minore la valeur de ses biens. Certains peuvent donc échapper à l'impôt sur les grandes fortunes, à condition, bien sûr, que la valeur de la nue-propriété et l'ensemble de ses avoirs soient inférieurs à cette tranche d'imposition. Ce n'est que lorsque le démembrement cessera qu'il retrouvera la jouissance de son bien et qu'il sera éventuellement assujetti à l'ISF, à condition que celui-ci soit toujours appliqué en France. En attendant, il pourra toujours céder l'usufruit de son patrimoine à une société commerciale.

24/ Comment transformer l'usufruit en location

Admettons que Monsieur et Madame, un couple bien portant, soient imposés au maximum (56,8 % sur le revenu + l'ISF) et disposent, depuis plus de 32 ans, d'un bien immobilier estimé à 10 millions de francs. Admettons encore que la valeur locative théorique de l'ensemble s'élève à 700 000 F par an. S'ils veulent se procurer de nouveaux revenus, ils peuvent donc le louer. Mais alors là, ce sera le coup de fusil : 516 000 F à acquitter annuellement, somme qui correspond à l'impôt sur les revenus fonciers, auquel se rajoute l'ISF pour la valeur de leur bien immobilier. Monsieur et Madame ne sont guère disposés à jeter l'argent par les fenêtres, et disposent d'une astuce tout à fait redoutable, qu'ils peuvent faire sortir de leur chapeau. Il leur suffit, en utilisant le démembrement de propriété, de céder à une société locataire un droit d'usufruit temporaire — et non viager — pour une longue durée (30 ans au maximum, selon la loi). Admettons que ce droit d'usufruit, ils le cèdent pour quinze ans, moyennant une somme de 5 millions de francs. Cette astuce va permettre d'adoucir de façon substantielle le montant du chèque à adresser aux Impôts. D'abord parce que le prix de cession de l'usufruit n'est pas un revenu imposable. Et l'impôt sur les plus-values ? Le couple n'aura même pas besoin de l'acquitter puisqu'il possède ce bien depuis plus de 32 ans. Reste encore l'ISF… S'ils ont la présence d'esprit, pour éviter les contrariétés, de réinvestir les 5 millions dans le cadre d'un investissement à caractère professionnel, ils n'auront pas, non plus, à l'acquitter. C'est donc dans des conditions fiscales et financières exceptionnelles que Monsieur et Madame retrouveront, quinze ans plus tard, leur pleine propriété. Car, et il ne faut pas l'oublier, l'usufruitier, contrairement au locataire commercial, ne peut opposer son droit au renouvellement et son maintien dans les lieux.

Bon à savoir

Pour bien réussir un démembrement de patrimoine, il faut que le nu-propriétaire — qui est bien évidemment à la recherche d'une déduction fiscale — soit plus imposé que l'usufruitier, et que ce dernier ait besoin de revenus.
Sachez enfin que le nu-propriétaire d'un bien immobilier peut déduire certaines dépenses de son

revenu global : toutes les dépenses de grosses réparations au sens de l'article 605 du Code civil, ainsi que les intérêts d'emprunt contractés pour ces travaux. Quant aux autres dépenses (réparation, entretien, amélioration) — ou intérêts d'emprunt pour l'acquisition —, elles sont déductibles de ses revenus fonciers.

25/ En bénéficiant d'un don manuel

Pour échapper aux droits de succession, on n'a encore rien trouvé de mieux ! Il faut dire que le don manuel, c'est une petite merveille d'exonération fiscale. Le grand juriste Planiol n'écrivait-il pas : « *Le don manuel a exercé de véritables ravages dans un code qui soumet la donation entre vifs à des règles d'une sévérité rigoureuse.* »

Se transmettre, de la main à la main, sans acte écrit notarié ou simple (autrement dit, sans laisser de traces), de l'or, des pierres précieuses, de l'argent, des objets d'art ou autres meubles de valeur permet ainsi d'hériter de ces biens sans qu'ils soient soumis au fisc. Aucun impôt ne peut donc être exigé.

Le don manuel, effectué entre le donateur et l'héritier, consiste le plus souvent en une remise d'argent (dont on se garde bien de dresser acte, précisément pour éviter les droits qui s'élèvent à 60 % entre les non-parents). Mais la somme donnée n'est pas toujours appelée à dormir sagement dans un coffre, à l'abri des regards. Le bénéficiaire du don peut avoir envie de s'en servir pour s'acheter une maison, un fonds de commerce, des titres ou même pour mener la grande vie. Toute cela peut provoquer la curiosité de l'administration fiscale qui, lorsqu'il s'agit de taxer les citoyens, manque d'humour. L'article L. 16 du Livre des procédures fiscales l'autorise ainsi à demander des éclaircissements (ou des justifications) sur la provenance des fonds employés. Et si le bénéficiaire du don s'abstient de répondre, il sera « taxé d'office » à l'impôt sur le revenu sur les sommes investies considérées comme des revenus non déclarés (art. L. 69 du Livre des procédures fiscales). Si vous bénéficiez d'un don manuel, arrangez-vous alors pour ne laisser aucune trace de ces dons et ayez la sagesse de ne pas trop étaler les richesses reçues. La prudence demeure toujours une vertu en matière fiscale…

La question qui peut maintenant se poser est celle de savoir si la réponse du contribuable faisant état du don manuel — en fournissant la preuve au moyen, par exemple, de la photocopie d'un chèque — peut entraîner son assujettissement aux droits de donation. En l'état des textes et de la jurisprudence, dont la lecture se révèle parfois très enrichissante, rien, absolument rien, ne l'assure. La lettre du bénéficiaire d'un don à l'administration n'est pas un acte assujetti obligatoirement ou présenté volontairement à la formalité de l'enregistrement. En la matière, le fait générateur de l'impôt n'est pas le don manuel en lui-même, mais seulement l'acte qui le constate. Sans acte, donc, pas d'exigibilité de l'impôt… Tel est l'avis de la doctrine, et notamment d'un auteur bien connu des praticiens du notariat, qui écrit : « *Le droit de donation ne peut être perçu sur la reconnaissance d'un don manuel incluse dans une réponse à une notification de redressement* » (A. Chappert, Répertoire Defrenois, 1988, art. 34273 n° 26).

On peut ainsi en conclure — et c'est une très jolie conclusion — que le don manuel symbolise l'évasion fiscale dans toute sa splendeur. A condition, bien sûr, qu'il ne laisse pas la moindre trace…

Bon à savoir

Malgré la doctrine, le service des impôts considère que les dons manuels doivent être réintégrés dans les biens à déclarer à la suite du décès du donataire, même si le don a été effectué bien auparavant. Il peut considérer ce qu'il veut, cela ne doit, en aucune façon, vous contraindre à de pénibles efforts de mémoire.

26/ En préférant le prêt personnel

Le prêt personnel, ce n'est pas mal non plus ! Consenti généralement à un héritier éloigné, il permet, comme son petit cousin « le don manuel », d'échapper aux droits de succession. Si vous optez pour ce moyen, sachez qu'un prêt personnel dont le montant est supérieur à 5 000 F doit être déclaré aux Impôts. Lors de la succession, vous devrez fournir la preuve du remboursement de prêt (ou, à défaut, d'un début de remboursement), notamment à l'aide de reçus signés par le prêteur. En revanche, n'oubliez pas que le fisc pourra réclamer au prêteur les impôts dus sur les intérêts, si intérêts il y a. S'il n'y a pas, le prêteur ne sera donc pas imposable.

27/ En souscrivant un contrat d'assurance-vie

C'est certainement le moyen le plus connu pour transmettre, de son vivant, un capital important dont le montant (librement fixé) n'est pas soumis aux droits de succession (à condition de remplir certaines conditions). Toutes les compagnies d'assurance proposent ce type de contrat particulièrement astucieux dont le but inavoué est, en fait, d'éluder le paiement des droits de succession. Renseignez-vous donc auprès d'elles.

BON À SAVOIR

Michel Charasse, qui fut notre dévoué ministre du Budget, s'est, comme d'habitude lorsqu'il s'agit de payer moins d'impôts, insurgé contre ces contrats insidieux qui offrent, à moindre frais, une certaine évasion fiscale. Mais que pouvait-il faire, sinon remettre en cause — ce qui est impossible — l'existence même du contrat d'assurance-vie ?

28/ En recevant ou en versant des rémunérations occultes sans la moindre limitation

Lire bien attentivement le Code général des impôts permet, aux détours d'un texte de loi, de découvrir des choses tout à fait stupéfiantes. La palme d'or du genre revient à celle qui, selon les termes de l'article 1763 A du même Code, autorise à s'en donner à cœur joie en matière de rémunérations occultes, dessous-de-table et autres pots-de-vin. Lisez plutôt :

> « *Les sociétés et les autres personnes morales passibles de l'impôt sur les sociétés qui versent ou distribuent, directement ou par l'intermédiaire de*

tiers, des revenus à des personnes dont, contrairement aux dispositions des articles 117 et 240, elles ne révèlent pas l'identité, sont soumises à une pénalité égale à 100 % des sommes versées ou distribuées. Lorsque l'entreprise a spontanément fait figurer dans sa déclaration de résultat le montant des sommes en cause, le taux de la pénalité est ramené à 75 %... »

Pour une fois, en plus, ces dispositions ont le mérite d'être claires. On voit bien que, en permettant de ne pas révéler l'identité des personnes qui se font payer, elles légalisent parfaitement les rémunérations occultes, d'ordinaire montrées méchamment du doigt par nos institutions.

Ce texte, issu de la loi n° 80-30 du 18 janvier 1980 (art. 72) et de celle du 8 juillet 1987 (art. 5-VIII), a en fait été adopté pour une raison bien précise. Au tout début des années 80, le gouvernement — de droite, à l'époque — souhaitait redonner du tonus aux ventes d'armes. Et, comme chacun sait, celles-ci supposent l'intervention de nombreux intermédiaires, anonymes pour la plupart, qui ont l'habitude de se faire grassement rétribuer. Pour notre industrie d'armement (surveillée de très près par l'État), décrocher un marché passe bien souvent par les dessous-de-table, distribués ici et là. Comment, alors, les faire apparaître dans une comptabilité ? En faisant justement voter ce très fourbe article 1763 A, l'État a trouvé la combine. Cela vaut pour les armes bien sûr, mais aussi pour toute autre denrée stratégique (informatique, aviation...).

Vous, lecteur assidu, pourrez toujours rétorquer que le paiement occulte, au bout du compte, cela revient cher puisqu'il faut reverser 75 % de la somme au Trésor. Sachez quand même que, pour ce genre de marché, l'État sait se montrer très conciliant avec « ses » industries...

Ce qui vaut pour les ventes d'armes vaut aussi pour le reste, l'article 1763 A du Code général des impôts n'étant pas du tout restrictif. Toutes les professions qui n'ont pas droit au cumul des rétributions au regard du fisc (les fonctionnaires, par exemple) peuvent donc en bénéficier et, ainsi, arrondir discrètement leurs fins de mois. Voilà pourquoi certains hauts fonctionnaires donnent des consultations payantes... en n'apparaissant nulle part. Ce qui revient à dire, en élargissant ces « prérogatives », que l'on peut très bien les acheter. Pour couvrir tout le monde, il suffira, ensuite, de faire figurer dans sa déclaration le montant des sommes versées et de s'acquitter d'une « pénalité » de 75 %.

Ce paiement, s'il n'avait pas été occulte, aurait dû être assujetti aux cotisations sociales et patronales (environ 20 % à la charge de l'employé + 20 autres pour cent à la charge de l'employeur). Dans ce cas d'espèce, 35 % de plus, ce n'est pas vraiment la mer à boire...

BON À SAVOIR

Si, aux termes de l'article 1763 A du Code général des impôts, vous touchez des rémunérations occultes, n'ayez pas peur de les déclarer. Le Trésor ne pourra rien vous demander puisque l'impôt (les fameux 75 %) aura déjà été payé par votre (ou vos) employeur(s).

29/ En se défendant contre les pratiques abusives de l'URSSAF

URSSAF... Derrière cette appellation absconse, qui pourrait évoquer une vieille spécialité gastronomique slave, se cache l'un des organismes les plus redoutés, sinon les plus haïs, de nos institutions. Cela s'explique sans doute par l'objet même de sa mission : le recouvrement des cotisations sociales. Mais aussi, et surtout, par la façon dont il l'exécute.

L'URSSAF (Union de recouvrement des cotisations de Sécurité sociales et d'allocations familiales) est un organisme très puissant, trop puissant, dont le rendement, pour le recouvrement, est de l'ordre de 98 %, soit le plus élevé de tous les services fiscaux de l'État. Qui dit haut rendement dit méthodes musclées ! Et à ce sujet, on ne peut pas dire que les pratiques de l'URSSAF soient sensiblement différentes de celles des bandits au long cours.

Il y a tout d'abord les délais de versement des cotisations, recouvrées trimestriellement ou mensuellement selon le nombre de salariés. Si ces délais sont respectés, tout va bien. En matière fiscale, on les appréhende à partir de la date de l'envoi de l'acte de versement — d'où l'expression « *le cachet de la poste faisant foi* » —, et non pas à la date de réception. Un envoi adressé le 14 au soir pour le 15 sera donc considéré comme valable, et ne fera ainsi courir aucune pénalité.

Avec l'URSSAF, ce n'est pas pareil. La date prise en compte pour faire courir les délais est, ici, la date de réception du versement. Cette nuance, que l'URSSAF est le seul organisme fiscal à pratiquer, est particulièrement vicieuse dans la mesure où elle peut entraîner des conséquences fâcheuses à l'encontre des contribuables de bonne foi.

Cela veut dire que si votre envoi, posté dans les délais, mais ralenti à la suite d'un quelconque problème d'acheminement, est réceptionné « en retard » par les services de l'URSSAF, vous vous retrouverez avec des pénalités sur le dos.

Admettons maintenant que votre envoi arrive en temps et en heure. A priori, vous n'encourrez aucune pénalité. Mais que se passe-t-il si la personne chargée de la réception du courrier à l'URSSAF omet, par négligence ou par malveillance (ça arrive...), d'apposer son cachet le jour d'arrivée ? Eh bien encore une fois, vous en serez de votre poche, l'URSSAF ne prenant en compte que la date de réception du chèque.

Ces clauses, aussi arbitraires qu'abusives, imposées par l'URSSAF sont bien évidemment hors du droit commun. Imputer à des contribuables de bonne foi — ceux qui adressent par exemple un chèque le 10 du mois pour le 15 — la responsabilité d'une grève de la poste ou la négligence d'un employé de l'URSSAF relève de l'aberrant.

Il y a ensuite les pénalités de retard proprement dites. Les textes prévoient que, à défaut de réception du versement à la date prévue, les pénalités sont immédiatement exigibles sous deux formes :

— les pénalités réductibles ;
— les pénalités irréductibles.

Les pénalités réductibles peuvent, comme leur nom l'indique, être supprimées de façon amiable par la commission de recours gracieux de l'URSSAF. Celle-ci statue sur simple demande de l'utilisateur, et prend normalement en compte sa bonne foi pour décider de les annuler.

Inutile, en revanche, d'espérer la moindre clémence

de la part de l'URSSAF en cas de pénalités dites irréductibles. Elles sont dues, quoi qu'il advienne, dès que le délai est dépassé, ne serait-ce que d'une seule journée. Le plus incroyable dans l'histoire, c'est que ce genre de pénalités s'impute même lorsque les services de l'URSSAF sont jugés responsables du retard ! On a vu ainsi des contribuables gagner leur procès contre l'URSSAF — et être donc déclarés de bonne foi — tout en continuant à se voir attribuer des pénalités irréductibles, alors que, justement, il avait été jugé que l'URSSAF était à l'origine même du retard...

Une fois encore, cette disposition est proprement inique. Prendre ainsi les contribuables pour des vaches à lait sans défense relève d'une cupidité quasi psychiatrique. Trop c'est trop ! Et, à défaut de pouvoir mettre la camisole de force à l'URSSAF, n'hésitez pas à contre-attaquer si vous vous sentez victime d'une injustice de ce genre.

Sachez que, pour cela, vous êtes tout à fait en droit d'intenter un recours — gracieux mais surtout contentieux — contre l'URSSAF. Réagir contre les abus de droit, c'est œuvrer pour le bien de l'humanité...

Bon à savoir

Adressez toujours à l'URSSAF vos courriers en recommandé avec accusé de réception. Car, comme toutes les autres administrations, cet organisme ne conserve jamais les enveloppes, sur lesquelles, pourtant, est apposé le cachet de la poste faisant foi de la date d'expédition.

30/ En différant vos cotisations dues à l'URSSAF

Vous employez au maximum 9 salariés : Dans ce cas, vous devez verser vos cotisations à l'URSSAF par trimestre, en fonction des salaires payés (et non exigibles) au cours des trois mois précédents.

Si vous donnez à vos employés leur salaire à chaque fin de mois, les cotisations seront dues le 15 du premier mois du trimestre suivant (exemple : pour les salaires de janvier, février et mars, les cotisations sont exigibles le 15 avril).

Si, en revanche, vous les réglez dans les tout premiers jours du mois suivant, les cotisations seront en partie différées (exemple : pour les salaires de janvier, février et mars, versés respectivement début février, début mars et début avril, les cotisations afférentes aux mois de janvier et février sont exigibles le 15 avril suivant, tandis que celles afférentes aux salaires de mars le seront le 15 juillet).

Ce moyen, tout aussi valable pour les travailleurs indépendants qui exercent seuls leur activité, permet de gagner un peu de trésorerie. Compte tenu du (lourd) taux d'intérêt que les entreprises supportent sur l'ensemble de leurs opérations, elles auraient tort de se priver de ce crédit « charges sociales » qui, lui au moins, est gratuit. Même l'entreprise dont la situation pourrait se passer de cet avantage y trouverait cependant la source d'une rentabilité supplémentaire (exemple : paiement plus rapide des fournisseurs après déduction d'escomptes de règlement).

Vous employez plus de 9 salariés et moins de 400 : Là, vous devez verser mensuellement vos cotisations à l'URSSAF.

Si vous payez les salaires d'un mois le 10 du mois d'après au plus tard, les cotisations seront dues le 15 du mois suivant celui de l'exigibilité (exemple : pour les salaires de février, versés jusqu'au 10 mars, les cotisations partent le 15 mars).

Si vous les payez le 11 du mois d'après, les cotisations sont dues le 15 du mois suivant celui du paiement (exemple : pour les salaires de février, versés le 11 mars, les cotisations partent le 15 avril).

Différer ainsi la période d'exigibilité, c'est bien. Mais il faut le faire en évitant tout risque de conflit avec son personnel. Le mieux, pour cela, est de modifier l'échéance des salaires avec l'accord de ses salariés (ou de leurs représentants). En proposant de leur verser le 11 de chaque mois les salaires courus depuis le 12 du mois précédent, vous respectez les dispositions du Code du travail qui exigent un paiement au moins mensuel des salaires.

31/ En s'armant contre les contrôles de l'URSSAF

Les contrôles de l'URSSAF, contrairement à ceux du fisc, on n'en parle pas beaucoup. Pourtant, ils peuvent faire très mal, eux aussi.

Raison de plus pour s'armer le mieux possible...

A ce sujet, la Cour de cassation a, en date du 7 mars 1991, rendu un arrêt particulièrement instructif. Il en ressort que, désormais, en cas de contrôle, l'agent de l'URSSAF doit, sous peine de nullité, vous remettre ses observations par écrit avant de clore son rapport et vous laisser un délai de 15 jours pour répondre. Profitez alors bien de ces 15 jours pour décrypter, à la loupe, tout ce qui y est inscrit. Si vous n'avez pas de solides références juridiques ou fiscales, n'hésitez pas à faire appel à un spécialiste.

BANQUE

BANQUES

Dans tous les hit-parades des professions les plus haïes, il en est une qui, aux côtés des assureurs et des huissiers, occupe régulièrement les premiers rangs : c'est celle de banquier. Et chacun sait que ce genre de palmarès n'est jamais décerné par hasard... Il faut dire que, même s'il cherche à se faire aimer (de la confiance de ses clients dépend sa survie), le banquier a la fâcheuse manie de gérer l'argent des autres comme bon lui semble, sans leur faire le moindre cadeau de surcroît.

Si, dans son jargon, vous avez le malheur de n'être qu'un « *petit compte* », ne vous attendez pas au plus minuscule traitement de faveur. En revanche, s'il vous colle l'étiquette « *gros compte* », vous aurez la chance d'être un peu mieux considéré et même d'obtenir certaines facilités. On ne prête qu'aux riches, c'est bien connu...

Profitant de sa position et, surtout, du flou des lois, le banquier se laisse parfois aller à quelques excès, dont certains peuvent sembler particulièrement scandaleux. De quel droit se permet-il, par exemple, de vous bombarder de « frais divers » sans vous en fournir les justificatifs ? de vous refuser tout à coup des chèques pour absence de provisions sans vous prévenir ? de vous imposer des taux d'agios ahurissants sans les avoir clairement définis auparavant ? de différer de plusieurs jours les dates de valeur de vos chèques ? etc.

Ces pratiques abusives, il faut les combattre. Et, mieux encore, les retourner contre leur auteur. Vous avez des armes pour cela : servez-vous-en !

Par ailleurs, et cela ne fera qu'ajouter de l'eau à votre moulin, sachez que Pierre Bérégovoy a récemment mis en garde les établissements bancaires contre leur rigidité excessive. Notre ministre des Finances voulait signifier par là que, en bénéficiant des largesses de l'État (c'est-à-dire de la baisse des taux d'intérêts), ces établissements en ont profité pour reconstituer leurs marges (+ 30 % en moyenne), sans les répercuter sur une baisse des taux de crédit. En outre, comme si cela ne leur suffisait pas, ces mêmes établissements deviennent maintenant de plus en plus exigeants lorsqu'il s'agit d'accorder des prêts à leurs clients.

Votre banque peut-elle ainsi continuer à gagner impunément sur tous les tableaux ?

COMMENT PIÉGER VOTRE BANQUE

Rares sont les banquiers qui font des cadeaux à leurs clients — ou alors, c'est parce que cela cache quelque chose... Il n'y a donc aucune raison de pratiquer une politique de soumission.

1/ En refusant les frais de gestion pour « arrêtés de compte »

Sans affirmer que votre banquier se permette tous les droits, on peut quand même émettre de sérieuses réserves sur certains de ses procédés. Il en existe un, parmi les plus régulièrement utilisés, dont l'illégalité est parfois criante.

Ce procédé concerne ce que les banques appellent insidieusement « *frais d'arrêtés de compte* » et « *débits divers* ». Des termes on ne peut plus vagues qui englobent, en fait, les frais de gestion de comptes bancaires. Au nom de ces frais, jamais détaillés précisément, votre banquier s'octroie le droit de vous soutirer, tout au long de l'année, 150 F par-ci, 200 F par-là.

Sur vos relevés de compte, cela passe en général inaperçu. Mais en prenant le temps d'additionner toutes ces sommes, on s'aperçoit qu'il n'en est plus de même...

Les « *frais d'arrêtés de compte* » (ou « *débits divers* ») sont-ils alors utilisés légalement ou non ? Le tout est de savoir si cette clause est inscrite dans le contrat qui vous lie à la banque — contrat qui, pour être valable, doit bien entendu être signé des deux parties. Si, après vérification, vous remarquez que cela n'est pas clairement le cas, écrivez à votre banquier (sous forme de lettre recommandée avec avis de réception) pour lui rappeler — au cas où il l'aurait oubliée — qu'il s'agit là d'une modification unilatérale du contrat.

Ce procédé illégal, dont les banquiers abusent parfois, mérite une punition. Exigez alors qu'il vous rembourse tous les « *frais d'arrêtés de compte* » et « *débits divers* » perçus, sans compter les dommages et intérêts auxquels vous pouvez prétendre.

Il est intéressant, à ce sujet, de se référer à un jugement du Tribunal de grande instance rendu le 25 octobre 1989.

Celui-ci stipule que :

> « *L'instauration par une banque d'une rubrique dénommée " arrêtés de compte ", recouvrant la facturation de frais de gestion de comptes bancaires de certains clients, constitue une modification du contrat en cours, laquelle implique, contrairement à toute décision unilatérale, le consentement exprès du client consommateur.* »
>
> « *Dès lors que la banque ne rapporte pas, en l'espèce, la preuve de l'accord des parties concernées, elle n'est pas fondée à invoquer, dans le cadre spécifique des contrats d'adhésion, par le biais de renseignements généraux fournis sur Minitel ou par une plaquette disponible à chaque guichet, imposant aux clients une démarche personnelle et positive, des informations et agissements suffisants qui*

ont seulement une valeur indicative et non contractuelle. »

« Une telle clause, non écrite, ayant pour effet de consacrer un moyen détourné et discriminatoire d'instaurer un prélèvement pour frais de gestion de comptes, ainsi qu'une pratique illicite modifiant l'économie générale du contrat, incompatible avec le respect de la bonne foi contractuelle, est nulle et constitue une clause abusive sur le fondement de l'article 6 de la loi du 5 janvier 1988, comme d'un préjudice grave aux intérêts collectifs des consommateurs. »

Trib. gr. inst. Paris (1re Chambre, 1re section) du 25 octobre 1989 : L'Union fédérale des consommateurs contre le Crédit commercial de France SA.

Bon à savoir

Aux termes de ce même jugement, il est inscrit que *« C'est l'article 5 de la loi du 5 janvier 1988 qui permet aux associations agréées, dans l'hypothèse d'une simple faute civile ou d'une inexécution contractuelle, d'intervenir devant les juridictions civiles, si une demande initiale, ayant pour objet la réparation d'un préjudice subi, a été formée par un ou plusieurs consommateurs ».*

« Dès lors qu'il n'est pas contesté que les clients d'une banque se sont vus imposer un prélèvement pour frais de gestion de leur compte, susceptible d'entraîner la réparation d'un préjudice, l'intervention d'une union de consommateurs agréée doit être déclarée recevable, celle-ci ayant également pour objet de reconnaître le caractère abusif des clauses

litigieuses sur le fondement de l'article 6 de la loi du 5 janvier 1988. »
Pour plus de renseignements — notamment en ce qui concerne l'action en justice à intenter — contactez les associations de consommateurs (elles sont nombreuses et généralement efficaces).

2/ En refusant de se voir retourner ses chèques pour absence de provisions

Bien évidemment, il vaut toujours mieux éviter d'émettre des chèques lorsque l'on est débiteur sur son compte bancaire. Mais si vous ne pouvez pas faire autrement, pour quelque raison que ce soit, votre banque doit normalement vous couvrir en honorant les chèques que vous avez émis (dans la limite du raisonnable), à moins qu'elle ne vous ait préalablement averti de provisionner votre compte.

Comment alors expliquer le nombre ahurissant de chèques sans provisions relevés chaque année (environ 17 millions) ? Les raisons sont nombreuses : négligence, insouciance, escroquerie... Mais il arrive aussi parfois aux banques de rejeter des chèques, sans que cela soit particulièrement justifié. Ce genre de décision arbitraire peut, en outre, être illégale. Trop de clients en font les frais, avec les conséquences désagréables que l'on connaît (interdiction bancaire, déclaration à la Banque de France...).

Il existe heureusement un moyen de se défendre contre les pratiques abusives des banques. Reportons-nous, pour cela, à un jugement rendu le 26 septembre 1989 par la Cour d'appel de Paris. Le titulaire d'un compte bancaire s'était vu ainsi retourner un chèque qu'il avait émis au bénéfice de son fournisseur pour absence de provisions. Sans que l'on remarque un découvert formalisé sur son compte, l'examen de ses relevés bancaires prouvait, à l'évidence, que le compte fonctionnait jusque-là « *avec des mouvements désordonnés, plus souvent en débit qu'en crédit, et que les soldes débiteurs provisoires s'élevaient à des sommes plus importantes que le montant du chèque litigieux* ».

Ne comprenant pas pourquoi, au vu de sa situation, la banque avait spécialement refusé ce chèque plutôt qu'un autre, le client, se sentant lésé, décida de saisir les autorités judiciaires. Après une décision de première instance portée devant la Cour d'appel, celle-ci condamna la banque à régler tout d'abord le montant du chèque impayé (intérêts légaux compris), ainsi qu'une somme de 8 000 F à titre de dommages et intérêts en vertu de l'article 700.

A condition de ne pas avoir fait une demande de découvert — en général, la banque l'accorde assez facilement à hauteur d'un mois de salaire, moyennant une perception forfaitaire annuelle d'environ 200 F —, il a donc été jugé anormal que la banque se soit permise de refuser un chèque, alors qu'auparavant, elle avait toujours laissé le compte fonctionner avec des débits plus importants. Tout silence de la banque équivaut habituellement à des « *facilités de caisse* » consenties. Dans ce cas, qui est loin d'être unique, un rejet de chèque constitue donc une procédure abusive.

Si votre banque vous fait des misères, n'hésitez pas à lui faire part de cette jurisprudence qui, espérons-le, fera des petits.

Cour d'appel de Paris (3e Chambre A.)
— 26 septembre 1989

« *Le litige porte sur le point de savoir, en premier lieu, si le bénéficiaire du chèque est recevable à invoquer à l'égard de la banque tirée une faute délictuelle dans la mesure où cette banque aurait révoqué abusivement une ouverture de crédit consentie au tireur, en second lieu si la banque a commis une faute en matière de contre-passation.* »

« *Il importe tout d'abord de déterminer si la banque avait ouvert un crédit à son client et, dans l'affirmative, quelle était la nature et l'étendue de ce crédit.* »

« *Il ressort des extraits produits au débat, qu'entre le 30 septembre 1986 et le 15 janvier 1987, le compte du client ouvert dans les livres de la banque a fonctionné, avec des mouvements désordonnés, plus souvent en débit qu'en crédit, et que les soldes débiteurs provisoires s'élevaient à des sommes plus importantes que le montant du chèque litigieux.* »

« *La banque a toléré de façon renouvelée des facilités de caisse assez larges pour qu'elles ne puissent être qualifiées de simples avances ponctuelles.* »

« *Ce concours à durée déterminée et non occasionnel, tacitement consenti par la banque à sa cliente, constituait une provision valable tant qu'il n'était pas révoqué avec un préavis raisonnable.* »

« *A cet égard, le délai de 8 jours imparti par la banque dans sa lettre du 15 janvier 1987 à son client pour régulariser le fonctionnement de son compte était trop bref pour permettre à cette société de faire face à la nouvelle situation. Par ailleurs, l'affirmation ainsi libellée : " vous voudrez bien noter que vous n'avez jamais eu notre accord pour obtenir un crédit par caisse de quelque montant que ce soit ", contraire à la réalité des faits ci-dessus analysés, ne peut justifier a posteriori la révocation du concours. »*

« Il s'ensuit que la rupture du crédit accordé par la banque à son client a présenté un caractère abusif. C'est à bon droit que ce dernier a recherché la responsabilité de son banquier, sur le fondement de l'art. 1382 du Code civil, sans emprunter la voie de l'action publique prévue par l'art. 1166 du Code civil. »

SARL Lelièvre c. SA Banque Worms.

Appel a été déclaré par la société Lelièvre du jugement rendu le 7 juin 1988 par la 7e Chambre du Tribunal de commerce de Paris.

BON À SAVOIR

Si, en cas de débit prolongé, vous estimez que le délai imparti par la banque pour régulariser le fonctionnement de votre compte est trop bref, et qu'elle ne veut rien entendre de vos demandes pour le prolonger, rappelez-lui que, dans ce cas, la jurisprudence est généralement de votre côté et, au besoin, qu'elle engagerait sa responsabilité devant les tribunaux.

Sachez, enfin, que le rejet de chèques, à défaut de vous combler d'aise, arrange bien souvent les affaires de la banque. Sur chaque chèque refusé, celle-ci touche au minimum 170 F à titre de frais,

somme à laquelle il faut ajouter environ 190 F par ouverture de dossier. Au petit jeu des comparaisons, la First National Bank (première banque des USA) ne prend que 80 F de frais. Quant au pauvre client, déjà bien embêté de se voir retourner un chèque pour absence de provisions, il n'aura d'autre solution que de payer la note. Sans affirmer que les banques encouragent ce genre de procédé, on peut quand même être au moins sûr d'une chose : les 17 millions de chèques sans provisions émis chaque année sont, dans une certaine mesure, tolérés... de là à penser qu'ils ne rendent pas les banques malheureuses, il n'y a qu'un pas.

Un conseil : **Face à son banquier, il faut toujours réagir et discuter, sinon celui-ci prendra la mauvaise habitude de vous imposer tout ce qui passe par la tête de sa direction.**

3/ En contestant intérêts et agios

On a parfois de mauvaises surprises en consultant ses relevés bancaires.

Par exemple, nous avons tous, un jour ou l'autre, failli perdre notre sang-froid en découvrant le montant des agios prélevés par la banque sur notre compte. Mais, bien que les estimant trop élevés, la plupart d'entre nous ne pensent jamais à les contester, sinon à les négocier. C'est un tort...

Une fois de plus, heureusement, la loi vient à votre secours pour vous défendre contre les pratiques abusives de certains banquiers « étourdis ». Jusqu'en 1988, la notion d'intérêts bancaires, laissée à la libre appréciation des banques, nageait dans le flou. Il y avait bien un texte (l'article 1907 du Code civil, toujours en application) censé barémiser les taux, mais, par dérogation, les banques pouvaient appliquer leurs propres usages, sans vraiment se soucier d'un accord écrit. Le client ne discutait pas le montant du taux d'intérêt, et le subissait. Un bon coup de balai législatif s'imposait. Il a été donné par deux arrêts de la Cour de cassation (1re Chambre commerciale du 12 avril 1988 et 1re Chambre civile du 9 février 1988) qui entérinent enfin, et de façon précise, la notion d'intérêts bancaires.

Aux termes de ces arrêts, il est désormais clair que, à défaut d'accord écrit signé préalablement par les deux parties, le taux légal — fixé chaque année par décret-loi — est le seul applicable au solde débiteur d'un compte bancaire.

Actuellement, ce taux, égal au taux d'escompte pratiqué par la Banque de France le 15 décembre de l'année précédente, est de l'ordre de 10 % par an (9,36 % en 1990, 10,26 % en 1991). Alors que celui pratiqué par les banques — l'intérêt conventionnel auquel est ajouté l'usure — grimpe facilement jusqu'à 18 %, voire 20 %. Si ce taux vous fait frémir, sachez que vous n'êtes en aucune façon obligé de l'accepter. C'est un contrat qui vous lie à la banque, et tout contrat a l'avantage — l'obligation pourrait-on dire — de se négocier !

Ne vous laissez donc pas endormir par votre banquier lors de la signature de votre contrat.

Si les banques adorent s'occuper de tout, en effet, on ne peut pas dire en revanche qu'elles adorent informer leurs clients. Soyez alors extrêmement vigilant et exigez que votre taux d'intérêt — celui qui servira à calculer vos agios — soit fixé par écrit dans le contrat. A condition, bien sûr, que vous l'ayez préalablement accepté (s'il vous semble trop élevé et que votre banquier ne consent pas à le baisser, un conseil : changez immédiatement de banque !).

A défaut d'accord écrit et signé, c'est obligatoirement le taux légal qui devra s'appliquer. Passer de 20 à 10 %, cela peut faire une sacrée différence sur vos relevés de compte.

Bon à savoir

Malgré la publication des deux arrêts de la Cour de cassation sur les intérêts bancaires, certains contrats continuent à ignorer superbement ces nouvelles dispositions qui obligent un accord écrit pour toute fixation de taux. Si votre contrat ne les mentionne pas, exigez l'application du taux d'intérêt légal et le remboursement immédiat du « trop versé ». En cas de refus (ou de complications), assignez la banque en référé.

4/ En dédaignant de lui prêter de l'argent

Vous ne vous en rendez peut-être pas très bien compte, mais en déposant de l'argent sur votre compte courant, vous ne faites rien de moins que de prêter gracieusement de l'argent à votre banque. Laquelle ne vous en prête en retour qu'assorti d'un taux substantiel...

Un compte courant, néanmoins, c'est utile. Conservez-le, mais arrangez-vous pour qu'il ne soit jamais trop créditeur. Car l'argent qui dort pour vous ne dort jamais[1].

Un conseil : ouvrez parallèlement un compte d'épargne tout simple, transférez-y le solde positif que vous détenez sur votre compte courant et approvisionnez-le de façon régulière, comme s'il s'agissait de votre compte normal.

Tout l'intérêt de cette opération, c'est de posséder un compte bancaire qui, lui au moins, rapporte de l'argent (dans les 6 %) et de s'en servir à discrétion. Ne mettez donc que le strict minimum sur votre compte courant.

Seulement voilà : votre banquier risque de ne pas être content du tout. Car c'est grâce aux comptes courants de ses clients, entre autres, qu'il génère des profits. S'il vous menace de le fermer, menacez-le à votre tour en lui annonçant que, dans ce cas, vous vous verriez contraint de saisir la DCCRF (Direction de la consommation, de la concurrence et de la répression des fraudes). C'est un organisme très sympathique, de surcroît favorable aux consommateurs.

5/ En changeant de banque au profit d'un établissement qui propose des comptes courants rémunérés

Si prêter gracieusement de l'argent à votre banquier vous paraît insupportable, le mieux est encore d'aller voir ailleurs. Il existe maintenant de nombreux établissements bancaires qui proposent à leurs clients des comptes courants rémunérés (à un taux d'intérêt compris entre 7 et 8 %), même si la formule a été très contestée durant l'année 1992.

Sur le papier, ce genre de formule a l'air intéressant.

1. L'argent travaille 24 h/24, 365 jours par an.

Mais il convient toutefois de bien peser le pour et le contre en se livrant aux petits calculs de circonstance. Si ces établissements vous garantissent des intérêts, ils n'oublient pas, en contrepartie, de vous imposer certaines conditions.

En règle générale, il existe un solde minimal exigé, une taxation assez lourde en cas de débit et l'imputation de frais de tenue de compte (de 400 à 900 F par an, selon les établissements). A vous de voir si cela vaut le coup. Une certitude, pourtant : seuls les gros comptes y trouvent vraiment leur intérêt.

6/ En s'opposant aux dates de valeurs trop dilatoires

Certaines pratiques bancaires dépassent parfois les limites. Prenez les dates de valeur : entre la date du dépôt d'un chèque et celle de sa prise en compte, il peut y avoir jusqu'à treize jours de délai. Concrètement, cela signifie que lorsque vous apportez votre chèque à la banque, celui-ci ne sera crédité sur votre compte que plusieurs jours après.

C'est quand même stupéfiant d'observer encore de telles pratiques à l'heure où toutes les transactions se font en temps réel ! Mais créditer ses clients en temps réel, ça n'arrange pas du tout la banque. En revanche, lorsqu'il s'agit d'encaisser leurs chèques, elle est généralement beaucoup plus efficace (à ce sujet, on a déjà vu des chèques se retrouvant débités deux jours avant la date de réception). En jouant ainsi sur les dates de valeur aux dépens de leurs clients, les banques se constituent un très joli pactole (estimé à près de 2 milliards de francs par an). On comprend donc que, généralisation informatique ou non, les banques ne soient pas disposées à lâcher le morceau.

Soit vous laissez faire, soit vous vous y opposez. Dans ce dernier cas, il vous sera peut-être utile de savoir que la jurisprudence a dit, en substance, que « *les dates de valeur ne sont pas opposables à l'usager d'une banque lorsque celui-ci ne l'a pas consenti expressément ou tacitement* ». N'hésitez pas à vous réfugier derrière ce principe si votre banquier cherche à vous endormir.

De toute façon, le mieux est encore de choisir un établissement bancaire dans lequel les dates de valeur sont raisonnables.

Bon à savoir

Normalement, en déposant son chèque à la banque le matin, celui-ci devra être présenté en chambre de compensation en début d'après-midi et être crédité le soir. Cette opération vaut de Paris à Paris. En cas de transaction avec la province, c'est forcément un peu plus long (7 jours au maximum). Si les dates de valeur ne respectent pas ces délais, c'est parce que la banque profite honteusement de votre argent avant même qu'il ne soit crédité sur votre compte.

A titre de comparaison européenne, sachez que la Cour Suprême allemande a formellement interdit les dates de valeur qui ne sont pas effectuées en temps réel.

COMMENT RETARDER L'ENCAISSEMENT DE VOS CHÈQUES

Nombreux sont ceux qui, parfois, préféreraient retarder l'encaissement d'un chèque qu'ils ont été obligés d'émettre. Pour ne pas s'exposer à un débit sur leur compte courant — et donc aux agios qui en découlent — ou, carrément, à une interdiction bancaire. Parfois, il ne suffit que d'un jour entre la date d'encaissement d'un chèque et celle où le compte du débiteur sera suffisamment approvisionné. De nombreuses astuces sont à votre disposition pour gagner du temps.

1/ En payant en Écus

Au lieu d'inscrire une somme en Francs sur un chèque, traduisez cette même somme en Écus [1]. C'est la monnaie officielle européenne. Payer en Écus est donc tout à fait légal, et même recommandé dans l'esprit de la Communauté. En outre, vous pourrez en tirer un avantage non négligeable : encore mal équipés pour traiter à grande échelle les sommes en Écus — ce qui peut paraître un comble à quelques mois du grand *marché unique* —, les établissements bancaires prennent

1. Un écu vaut 7 FF environ.

beaucoup plus de temps pour effectuer ce genre d'opérations. Du temps précieux pour vous puisque cela retarde l'encaissement effectif de votre chèque.

2/ En rédigeant un chèque sur n'importe quel bout de papier

Il est un cas qui se présente assez souvent. Vous êtes à court de carnet de chèques et vous ne disposez pas d'autres modes de paiement pour effectuer un achat ou payer une note de restaurant. Il existe pourtant une solution, toute simple et tout à fait légale, à laquelle on ne pense jamais. Munissez-vous de n'importe quel bout de papier (rouleau des toilettes, prospectus ou autres) et inscrivez-y vos nom et adresse, les coordonnées de votre agence bancaire, le numéro de votre compte courant, la somme en chiffres et en lettres, ainsi que le nom de la personne (ou de la société) à qui elle est destinée. Ce chèque de « fortune » est utilisable en vertu du décret-loi du 30/10/1935 inséré dans le code du commerce. On ne peut donc pas vous le refuser. Votre banquier, habitué à l'informatique, sera ensuite obligé de le traiter manuellement, ce qui est dix fois plus long...

3/ En signant sur la bande magnétique

Au bas de chaque chèque, il y a une bande magnétique qui permet aux établissements bancaires de le traiter par informatique. Ce système, très perfectionné, a pourtant des failles. A peine griffonnée ou raturée, la bande magnétique n'est plus lisible sur ordinateur. Au moment de la signature du chèque, débordez donc un peu dessus. Une fois de plus, votre banque sera contrainte de le traiter manuellement. Non recommandée, cette petite astuce n'est pourtant pas interdite et n'entraîne donc ni sanctions ni pénalités.

4/ En démagnétisant vos chèques

Pour obtenir le même effet, mais en plus efficace, munissez-vous d'un aimant et passez-le sur toute la longueur de la bande magnétique. Démagnétisation assurée et résultat identique.

5/ En faisant compenser votre chèque à l'autre bout de la France

Délivré gratuitement par la banque, le chèque barré — le plus courant pour les particuliers — est payable à l'agence du tireur (personne qui établit le chèque). Il ne peut être encaissé que par quelqu'un qui a un compte bancaire (ou CCP), puisqu'il n'est ni payable à vue, ni endossable. Rares pourtant sont ceux qui savent qu'un chèque barré, s'il n'est payable que dans un endroit, est compensable n'importe où.

Prenons l'exemple suivant : Votre agence se trouve à Paris, c'est donc là que vos chèques sont habituellement payés. Mais rien ne vous empêche de les faire compenser à Perpignan. Pour cela, inscrivez tout simplement sur vos chèques (entre les deux barres, plus précisément) « compensable à Perpignan ». Le temps qu'ils fassent l'aller-retour — entre le lieu où ils sont compensables et celui où ils sont payables — vous aurez gagné trois semaines.

6/ En inscrivant « par dérogation légale » sur vos chèques

Sur chaque chèque, juste au-dessous du nom de votre établissement bancaire, est inscrit : « *Payez contre ce chèque non endossable sauf au profit d'une banque ou d'un organisme visé par la loi.* » C'est le décret-loi du 30 octobre 1935, concernant le droit en matière de chèques, qui a ainsi fixé les conditions — ou dispositions — de l'endossement. Ces mêmes dispositions avaient déjà été votées, mais de façon beaucoup moins restrictive (les chèques étaient alors endossables), par la Convention internationale de Genève du 19 mars 1931. En les rendant non endossables, sauf au profit d'un établissement bancaire ou assimilé, notre droit interne a dérogé aux principes d'un traité international.

Vos chèques devraient donc porter la mention « *non endossable par dérogation* ». Comme il n'en est rien, inscrivez-la vous-même de la façon suivante : « *Payez contre ce chèque non endossable sauf au profit d'une banque ou d'un organisme visé par la loi, par dérogation légale, la somme de...* » En ajoutant ces quelques mots, vous empiéterez obligatoirement sur l'emplacement réservé à l'inscription, en toutes lettres, de la somme du chèque. Votre banquier sera donc obligé de les traiter manuellement, ce qui différera leur encaissement de trois semaines à un mois.

A NE PAS FAIRE

Certains bricoleurs — ceux qui flirtent avec l'illégalité — utilisent parfois un moyen qui leur permet de faire retarder l'encaissement de leur chèque destiné aux impôts, sans subir la moindre majoration. Quelques jours avant la date limite de paiement, ils s'adressent une lettre à eux-mêmes. Dès réception, ils collent, sur cette même lettre, un sticker vierge (ou autre) sur lequel ils inscrivent l'adresse de leur centre des impôts. Le cachet de la poste faisant foi, il leur appartient alors de décider quand la déposer dans la boîte aux lettres de leur centre des Impôts. Un, deux ou trois mois après la date limite fixée par l'administration fiscale. Leur chèque ne sera donc encaissé qu'à l'issue du délai choisi et ne pourra faire l'objet d'aucune pénalité de retard.

POSTE
ET TÉLÉCOMMUNICATIONS

Poste et France Télécom

Envoyer une lettre, un colis, un mandat, un télégramme... Passer un coup de téléphone, transmettre un fax, pianoter sur un Minitel... Tous ces services régis par un même ministère de tutelle : les PTT, sont utilisés quotidiennement par des millions et des millions d'usagers. Chaque année, les Postes acheminent près de 20 milliards d'objets (lettres, cartes postales, périodiques, paquets...), tandis que les Télécom enregistrent plus de 1 milliard d'appels (par téléphone ou Minitel). Autant dire un marché phénoménal concentré entre les mains des PTT et de France Télécom. Ce monopole, pourtant, ne doit pas vous faire oublier que nous, les usagers réguliers, avons des droits à faire valoir. Or, il se trouve que, parfois, les PTT et France Télécom feignent de les ignorer et continuent d'imposer impunément ce qu'ils veulent, sans se soucier des abus de droits que cela suppose.

Il ne s'agit pas, ici, de les assigner à tout bout de champ dans le(s) cas où vous vous sentiriez lésé, mais de s'en servir (légalement) pour ne pas se faire gruger d'une part, et pour en soutirer tous les avantages d'autre part. Car pour être bien informé, il ne faut pas toujours compter sur eux. Votre bureau de poste vous a-t-il annoncé, par exemple, que vous pouviez, à l'instar de l'administration fiscale, bénéficier vous aussi (sous certaines conditions, bien sûr) de la franchise postale? Votre agence France Télécom vous a-t-elle expliqué tous les moyens d'éviter la coupure de votre ligne téléphonique?

Et puis, il y a aussi tous les services commerciaux privés qui se servent de ce formidable outil que sont les PTT et France Télécom pour attirer les clients. L'un d'entre eux mérite plus particulièrement notre attention : les sociétés de vente par correspondance. Leur consacrer un chapitre n'était pas de trop...

COMMENT OBTENIR LA DISPENSE D'AFFRANCHISSEMENT

Pour envoyer une lettre (recommandée ou simple) ou un colis, il faut bien entendu l'affranchir selon des barèmes fixés par le ministère des PTT et des Finances. Certains moyens, utiles à connaître, permettent pourtant de s'en dispenser.

1/ En adressant son courrier à certains destinataires exonérés

Il est utile, sinon indispensable, de connaître très précisément la liste de l'ensemble des personnalités et services à qui vous pouvez écrire sans coller de timbre sur l'enveloppe.

- Pour les lettres recommandées :
  — le président de la République ;
  — le ministre des PTT.

- Pour les lettres ordinaires :
  — le président de l'Assemblée nationale ;
  — les ministres et secrétaires d'État ;
  — le médiateur ;
  — le commandant de la place de Paris ;
  — le commissaire du gouvernement ;

— le directeur général des Impôts ;
— le directeur général des Douanes et Droits indirects ;
— le directeur général des Manufactures de l'État ;
— le directeur de l'Administration des monnaies et médailles ;
— le directeur général de l'Office national des forêts ;
— le directeur général de la Caisse des dépôts et consignations ;
— les directeurs des stations métérologiques agricoles ;
— les directeurs des stations d'avertissement agricoles ;
— le grand Chancelier de la Légion d'honneur, chancelier de l'Ordre du Mérite ;
— le grand Chancelier de l'Ordre de la Libération ;
— le gouverneur militaire de Paris ;
— le gouverneur militaire de Lyon ;
— les délégués à la liberté surveillée ;
— les juges aux affaires matrimoniales ;
— les juges de l'application des peines ;
— les juges des enfants ;
— les juges d'instruction ;
— les magistrats chargés de l'accueil ;
— le préfet de police de Paris ;
— le président de la commission chargée d'établir les listes des candidatures aux bureaux de tabac ;
— le président du Conseil des prises ;
— le président du Conseil constitutionnel ;
— le président de la Cour supérieure d'arbitrage ;
— le président de la Section du contentieux du Conseil d'État ;
— le président de la Commission spéciale de cassation adjointe au Conseil d'État ;
— le premier président des cours d'appel ;

— le premier président de la Cour de cassation ;
— le premier président de la Haute Cour de justice ;
— les présidents des tribunaux de grande instance ;
— le procureur général de la Cour de cassation ;
— le procureur général de la Cour des comptes ;
— le procureur général de la Haute Cour de justice ;
— le secrétaire général du Conseil d'État ;
— le secrétaire général du Conseil constitutionnel ;
— le vice-président du Conseil d'État ;
— le maire de Paris et le directeur général de l'Assistance publique pour les correspondances déposées à Paris ;
— le préfet de la région Ile-de-France, préfet de Paris pour les correspondances déposées à Paris ;
— le préfet du Rhône pour les correspondances déposées dans le département du Rhône et les départements limitrophes ;
— les commandants de corps d'armée ou de régions pour les correspondances déposées dans le ressort du commandement ;
— les procureurs généraux près les cours d'appel et les cours d'assises, les procureurs de la République près les tribunaux de grande instance et les cours d'assises ;
— le service de la régie de dépôt légal de la phonothèque nationale, de la Bibliothèque nationale, des bibliothèques classées, de la préfecture du département, du ministère de l'Intérieur, pour les œuvres soumises à l'obligation de la formalité du dépôt légal, ainsi que les documents correspondants (publications, films, enregistrements sonores) ;
— les centres de chèques postaux (pour les envois effectués par les titulaires de comptes) ;
— les prisonniers de guerre à l'étranger.

Pour bénéficier de cette dispense d'affranchissement, n'oubliez pas d'inscrire à la place du timbre : « Dispensé d'affranchissement » et de bien écrire vos nom et adresse au verso de l'enveloppe.

2/ En prenant le ministre des PTT pour un facteur

Si vous devez adresser une lettre (recommandée ou ordinaire) à un représentant des pouvoirs publics qui ne bénéficie pas de la dispense d'affranchissement, envoyez-la d'abord — sans timbre bien sûr — au ministre des PTT... en lui demandant de faire suivre. Il aura l'obligation de la transmettre à l'autorité compétente, sans vous exiger le moindre frais (article 7 du décret n° 83, tiré 1025 du 28 novembre 1983).

3/ En bénéficiant de la franchise postale

La franchise postale, qui dispense son utilisateur de tout affranchissement, a longtemps été une prérogative réservée exclusivement à l'administration. Compte tenu du nombre colossal de lettres régulièrement envoyées aux contribuables, on imagine sans peine les économies réalisées. Eh bien sachez que, désormais, cette prérogative — auparavant peu équitable — n'est plus le domaine réservé de l'administration. Depuis la codification de l'article 145-10 du Code du travail (en remplacement de l'article 145-5), tel qu'il résulte de l'article 47 de la loi du 9 juillet 1991 (publiée au *Journal officiel* le 14 juillet 1991) relative à la réforme des voies d'exécution, la franchise postale est ouverte à tous, sous certaines conditions bien sûr. Ce texte de loi stipule que « *les lettres recommandées de la procédure de cession de salaires et de saisie-arrêt sur salaires jouissent de la franchise postale* ».

Il est clair qu'entre particuliers, on ne s'envoie pas ce genre de lettres tous les jours. Mais prenons le cas d'une grosse entreprise : Renault, par exemple. Chaque mois, la Régie est tenue d'adresser, au Greffe du Tribunal d'Instance, des milliers de lettres recommandées à l'intérieur desquelles se trouvent les chèques qui concernent les procédures de saisie-arrêt sur salaires imputées à ses employés. On estime que cette procédure s'applique régulièrement à 5 % de ses employés — à 8000 d'entre eux, donc, puisque Renault en compte environ 160000. Considérant qu'une lettre recommandée avec avis de réception coûte au minimum 23 F, la Régie Renault devrait ainsi économiser 2,2 millions de francs par an (à moins qu'elle n'impute, proportionnellement, tous les frais de courrier sur le salaire des employés concernés, ce qui les obligera à demander eux-mêmes l'exonération de ces frais).

Les personnes morales et physiques qui utilisent ce genre de procédure ont donc tout intérêt à étudier de très près ce nouveau droit à la franchise postale.

Bon à savoir

Tous les bureaux de poste doivent, bien entendu, être au courant des nouveaux dispositifs de la loi, surtout quand ils les concernent directement.
Si, par hasard, l'un d'entre eux refusait l'envoi d'un courrier recommandé en franchise postale concernant une procédure de cession de salaires ou de saisie-arrêt sur salaires, rappelez-lui — notamment pour lui rendre service — les termes de la loi du 9 juillet 1991 relative à la réforme des voies

d'exécution. S'il persiste obstinément, n'hésitez pas à le menacer d'un procès. Il est intéressant, par ailleurs, de jeter un rapide coup d'œil sur l'article D 79 du Code des Postes. Celui-ci stipule que « *... les frais d'affranchissement des avertissements et des avis émanant des administrations financières à l'adresse des contribuables sont remboursés forfaitairement par le budget général au budget annexe des Postes et Télécommunications* ». Plus clairement, cela signifie que les avertissements et avis adressés par l'administration aux contribuables le sont en franchise postale.

Jusque-là, il n'y a rien à redire. Pourquoi, alors, les contrevenants reçoivent-ils, eux aussi, les avertissements du Trésor public en franchise postale ? C'est, par exemple, très fréquent lorsque l'on reçoit une lettre de rappel concernant une infraction pour défaut de stationnement (les « fameuses » contraventions). Le Trésor public ne confond-il pas contrevenant et contribuable ? Il serait peut-être utile de lui rappeler que ce n'est pas tout à fait la même chose. Un contribuable est, par définition légale, quelqu'un qui paie ses impôts directs ou indirects à l'État. Alors qu'un contrevenant est, toujours par définition légale, un citoyen (français ou étranger) qui commet une infraction sur le territoire français.

Aux termes de l'article D 79 du Code des Postes, l'administration fiscale n'a donc pas le droit d'adresser des courriers en franchise postale aux contrevenants, puisque cela n'est nullement stipulé. Seuls ceux adressés aux contribuables lui sont légalement autorisés.

Si vous recevez alors, en franchise postale, une lettre du Trésor public ayant rapport à des

amendes de stationnement, exigez de la faire ouvrir en présence du Receveur des Postes. Comme il est assermenté, il pourra — et devra — dresser un procès-verbal constatant l'infraction et s'en prendra, ensuite, au Trésorier des Amendes qui, lui-même, sera en mesure de poursuivre le ministre du Budget responsable, dans ce cas d'espèce, d'un « Viol national » de la loi.

Si la procédure parvenait jusqu'à Michel Charasse, cela serait quand même assez rigolo. Et puis, cela ferait les pieds à toutes ces administrations qui, en la matière, ne reculent devant aucun abus de pouvoir...

A NE PAS FAIRE

Comme on l'a vu, la franchise postale ne peut être accordée que sous certaines conditions. En évoquant des sujets personnels dans ces correspondances, vous vous exposeriez automatiquement à une amende de 1 000 F pour chaque infraction constatée.

Chez certaines professions, cela peut être même beaucoup plus grave. Avocats, huissiers ou membres d'une profession réglementée nouvelle (article 32 de la loi du 9 juillet 1991 à propos des sociétés de recouvrement de créance) risquent ainsi trois mois de suspension pour abus de franchise postale.

4/ En faisant payer le destinataire

Saviez-vous qu'il est tout à fait possible de poster une lettre sans l'affranchir ? Les services postaux sont en effet tenus d'acheminer les courriers non timbrés vers leurs destinataires. Ce sont, normalement, ces derniers qui devront s'acquitter de l'affranchissement, plus une taxe spéciale de 3,80 F. S'ils refusent — c'est leur droit — ce sera à vous de payer. A condition que les services postaux, déjà surchargés de travail, prennent le temps — et les moyens — de vous réclamer, à vous l'expéditeur, le coût de l'affranchissement, plus sa majoration.

5/ En utilisant un code secret

Il existe un code secret, utilisé exclusivement par les services des PTT, qui permet de se passer de timbre pour n'importe quel envoi. Il est délicat de communiquer ce code de six chiffres dans un livre. Je me bornerai donc à vous le décrire de la façon suivante :

— Le premier chiffre est égal au second plus le troisième.

— Le second est égal au cinquième.

— Le troisième est égal au quatrième.

— Le quatrième est égal au premier moins le second.

— Le cinquième est égal au troisième divisé par le quatrième.

— Le sixième est égal au quatrième moins le second et le cinquième.

Vous n'avez plus qu'à l'inscrire (en chiffres) en haut de l'enveloppe à droite, c'est-à-dire à la place réservée au timbre. Tous vos envois sans exception seront ainsi acheminés gratuitement à la destination que vous souhaitez (métropole, DOM-TOM, étranger).

Attention, cela peut vous être reproché comme un contentieux en vertu de l'article R. 9 du Code des Postes.

NOTA : Lors de la parution de cet ouvrage, la divulgation du code secret a visiblement embarrassé les services postaux, qui l'ont modifié depuis.

A NE PAS FAIRE

Dans les centres de tri postaux, il n'est pas rare de trouver des lettres ou des colis ayant « perdu » leur affranchissement en cours de route. Parfois, l'existence d'une trace, au niveau même de l'emplacement du timbre, peut laisser supposer un décollement non intentionnel. Le courrier est alors acheminé normalement. Ne prenez quand même pas le risque de gratter l'emplacement du timbrage pour le faire croire. Les postiers, qui connaissent le coup, pourraient décider de différer l'envoi de votre lettre jusqu'à une date indéterminée.

BON À SAVOIR

On a souvent tendance à croire qu'affranchir un courrier à tarif réduit accroît obligatoirement la durée de l'acheminement. D'abord, ce n'est pas exact dans tous les cas — le nombre de sacs postaux à trier oblige parfois les agents PTT à ne pas faire la différence —, ensuite, compte tenu des économies réalisées lors d'envois en nombre, cela vaut le coup de prendre le risque, sachant que, de toute façon, les délais pour un affranchissement à tarif réduit sont presque les mêmes que pour un affranchissement à tarif normal (à peine 24 h de différence).

COMMENT ENVOYER UNE LETTRE RECOMMANDÉE AVEC AR POUR LE PRIX D'UNE SIMPLE

Les envois recommandés sont simples ou avec accusés de réception. Le prix n'est pas le même. Exemple : pour une lettre recommandée de moins de 20 g, l'affranchissement de base s'élève à 16,80 F, et à 22,80 F si l'on y ajoute un accusé de réception. On peut pourtant se passer de cet accusé de réception — ce qui permet d'économiser 6 F — tout en profitant de ses services.

1/ En demandant directement au ministre des PTT l'avis de réception

Il suffit d'adresser à votre destinataire une lettre recommandée simple. Attendez quelques jours et écrivez ensuite au ministère des Postes — votre courrier sera dispensé d'affranchissement — pour lui demander si votre lettre recommandée (références ci-jointes) est bien arrivée à destination. Les services du ministère auront l'obligation de répondre et de vous transmettre une copie du livret des signatures, dans le cas où votre destinataire a effectivement pris possession de votre lettre recommandée. Le courrier du ministère aura, bien entendu, la même valeur qu'un avis de réception, et vous aurez ainsi économisé 6 F. Une astuce utile à connaître pour tous, particulièrement ceux qui effectuent de nombreux envois recommandés.

COMMENT ÉVITER LA COUPURE DE VOTRE LIGNE TÉLÉPHONIQUE

Lorsqu'il s'agit de recouvrer les factures de ses abonnés, les PTT ne témoignent pas de beaucoup d'humour. Si vous ne réglez pas dans les délais (15 jours), ils envoient d'abord une lettre de rappel. Si vous ne réagissez pas au bout de 8 jours (nouveau délai pour régulariser votre situation), ils coupent votre ligne et vous imputent des frais supplémentaires. Si vous ne bronchez toujours pas, ils résilient carrément votre abonnement. Ce serait dommage d'en arriver là, puisqu'il existe des moyens très simples d'échapper à la coupure de votre ligne.

1/ En contestant le montant de vos factures

Si votre facture vous paraît anormalement élevée, ce qui est fréquent, n'hésitez surtout pas à faire une réclamation — sous forme de lettre recommandée avec avis de réception — auprès de l'agence commerciale dont vous dépendez, en procédant au règlement duquel vous aurez déduit la portion contestée. Pour être recevable, cette réclamation doit impérativement comporter tous les éléments pouvant la justifier (montants habituels des factures, preuves de l'absence durant la période en cause, travaux dans le quartier...). N'oubliez pas de demander la vérification de votre compteur et la mise sous contrôle de votre ligne.

Votre agence devra alors faire une enquête, à la suite de laquelle elle acceptera ou non un dégrèvement — en cas de dégrèvement, l'agence prendra pour base la moyenne des factures antérieures. Si le dégrèvement est refusé, ne vous avouez pas vaincu ! Vous avez encore la possibilité d'intenter un recours auprès du Directeur opérationnel (ou régional) de France Télécom dans un délai de deux mois. Si le désaccord persiste, vous pourrez ensuite vous adresser au Service National Consommateurs de France Télécom (boîte postale 100, 75662 Paris Cedex 14). En cas de nouveau refus, faites cette fois un recours auprès du tribunal administratif dans un délai de deux mois, en n'oubliant pas de réitérer votre contestation et de la porter, pour information, au ministre des Postes.

Sachez, en outre, que tous les moyens de pression sont bons. Vous pourrez ainsi demander l'intervention du député et faire même appel au Médiateur. Il y a aussi la possibilité, non négligeable, de vous faire aider par l'AFUTT (association française des utilisateurs du téléphone et des télécommunications ; BP n° 1, 92430 Marnes-la-Coquette), un organisme dont l'efficacité a déjà rendu bien des services en la matière. L'intérêt de ces recours, c'est, bien sûr, d'obtenir un dégrèvement de vos factures, mais aussi, et surtout, de gagner du temps. Car, en principe, lorsqu'il y a un litige, le téléphone n'est pas suspendu.

BON À SAVOIR

Pour effectuer votre réclamation, vous disposez d'un délai d'un an. N'oubliez pas toutefois que les PTT ont, eux aussi, un délai d'un an pour vous réclamer le paiement des factures. Mais, en cas de litige, c'est d'abord à eux d'apporter la preuve de la réalité de vos consommations téléphoniques.

2/ En déjouant la notion de « surtaxe »

Payer en retard sa facture téléphonique, c'est s'exposer à des pénalités, et donc à des frais supplémentaires (les fameuses surtaxes). Il n'y a pas si longtemps, ces frais étaient extrêmement élevés (de l'ordre de 250 F, quel que soit le montant de la note, en cas de règlement effectué après les délais). De nombreuses plaintes et réclamations ont eu heureusement pour effet de les ramener à un seuil moins ubuesque. Cela ne veut pas dire qu'il faille désormais les payer les yeux fermés...

Prenez donc l'habitude de contester par lettre — recommandée avec avis de réception, c'est toujours mieux — toutes les surtaxes que les PTT chercheront à vous imposer. Et déduisez-les, bien sûr, de votre facture globale.

Une fois encore, l'intérêt de cette démarche est double : non seulement, elle vous permettra peut-être de vous dispenser de ces encombrantes surtaxes, mais, en plus, elle vous protégera totalement du risque de coupure de votre ligne téléphonique. Car, c'est la loi, les PTT n'ont aucun droit de vous suspendre votre ligne puisque les pénalités — quelle qu'en soit la nature — n'entrent jamais dans les prestations de service.

COMMENT SE SERVIR AVANTAGEUSEMENT DE LA VENTE PAR CORRESPONDANCE

Les sociétés de vente par correspondance utilisent toute une série de procédés pour allécher les consommateurs. Mais attention : bien souvent, leurs propositions, « trop belles pour être honnêtes », cachent des pièges. En tombant dedans, de nombreux consommateurs ont ainsi été obligés d'acheter des produits qu'ils ne désiraient pas. Si l'on sait se montrer prudent, et surtout astucieux, ces pièges peuvent se transformer en véritables avantages.

1/ En profitant des offres d'essai gratuit

« *Remboursé si non satisfait* », « *aucune obligation d'achat* », « *essai gratuit* », « *ne payez qu'après* »... Ce genre de propositions fleurit lorsqu'il s'agit de vente par correspondance. N'hésitez surtout pas à en profiter.

En règle générale, ces offres d'essai gratuit sont valables une dizaine de jours. Un délai tout à fait acceptable pour lire un livre, écouter un disque ou organiser une soirée dansante avec du matériel Hi-Fi dernier cri. Après ces dix jours d'essai gratuit, faites un retour à l'envoyeur pour ne pas payer les frais de port. Il convient, pour cela, de remettre le(s) produit(s) dans le paquet d'origine que l'on aura soigneusement refermé.

Si celui-ci n'entre pas dans la boîte aux lettres, apportez-le au bureau de poste, sans préciser que vous avez profité du contenu.

Ces offres d'essai gratuit s'appliquent bien entendu à n'importe quel produit (télévision, magnétoscope, chaîne Hi-Fi, meubles de salon ou de jardin...). Préférez alors l'essai gratuit — renouvelable autant de fois que vous le désirez, parfois même sans changer d'organisme de vente par correspondance — à la location qui, elle, au contraire, se paie...

2/ En bénéficiant uniquement des promotions

« *3 Compact Disc pour 100 F* », « *5 romans pour 50 F* », « *3 films en cassette vidéo pour 150 F* » sont des offres promotionnelles courantes en matière de vente par correspondance. Toutefois, afin d'en bénéficier, il faut généralement s'engager à acheter ensuite un certain nombre de produits sur une période imposée, à un prix qui n'a plus rien de promotionnel.

Sachez que cela n'est pas du tout obligatoire. La plupart des sociétés de vente par correspondance utilisent en effet un procédé insidieux, sous la forme d'un type de contrat très particulier.

Dans les contrats conventionnels, les deux parties en cause ne sont liées qu'après un engagement préalable — l'une propose, l'autre signe, par exemple. Or, dans certains contrats de vente par correspondance, c'est le fait de ne pas réagir qui vous engage.

Refusez alors par lettre — recommandée, c'est plus sûr ! — toutes les commandes que l'on cherchera à vous imposer à la suite de l'offre promotionnelle. Votre lettre de refus aura ainsi pour effet de résilier immédiatement le « contrat », alors que votre silence vous aurait obligé à l'honorer.

Profitez donc uniquement des promotions — qui sont toujours très avantageuses — et ne vous faites pas « avoir » en achetant ensuite des produits plein tarif (à des prix souvent plus chers qu'ailleurs). Car, et c'est la loi, personne ne peut vous contraindre à acheter quoi que ce soit...

3/ En conservant les objets que vous n'avez pas commandés

Il arrive que, même après avoir résilié votre contrat par lettre recommandée, vous continuiez à recevoir des objets par voie postale. Ne les payez pas, bien sûr, et ne les renvoyez même pas. Sans existence de lien contractuel, la société de vente par correspondance — qui utilise parfois tous les moyens de pressions pour parvenir à ses fins — aura bien du mal à les récupérer, même en ayant recours à la justice.

Surtout en ayant recours à la justice, pourrait-on dire. Car, dans ce genre d'affaire, les tribunaux d'instance sont toujours très favorables aux consommateurs et émettent de sérieuses réserves sur les procédés fallacieux des sociétés de VPC. Si l'une d'entre elles cherche à vous ennuyer, n'hésitez pas à saisir le tribunal (c'est gratuit, par le biais de la saisine directe), devant lequel vous invoquerez l'article R 40-12 du Code pénal, relatif à l'interdiction de la vente forcée. Renseignez-vous, pour cela, au greffe du tribunal d'instance de votre domicile, et non pas à celui du siège de la société de VPC.

Un conseil : n'envoyez jamais d'argent

Pour toute commande auprès d'une société de vente par correspondance, optez pour l'envoi en contre-remboursement. Cela vous permet de ne payer qu'après réception. En cas de non-conformité ou d'état défectueux, vous pourrez ainsi retourner le colis dans les sept — ou dix — jours suivant la livraison.

A NE PAS FAIRE

Certains connaissent toutes les ficelles de l'achat par correspondance. Il y a par exemple ceux qui, après avoir reçu leur commande, décident de ne pas la payer. Comment prouver qu'ils l'ont bien réceptionnée, puisque, pour les envois en nombre, il n'existe aucune sécurité de livraison ? Le colis de la société de VPC peut tout à fait avoir été dérobé dans leur boîte aux lettres ou non acheminé. En cas de poursuites pour recouvrement, les fraudeurs n'ont plus qu'à adresser une réclamation au receveur des PTT en affirmant n'avoir rien reçu et à en faire une photocopie destinée à la société de vente par correspondance.

Il y a aussi ceux, particulièrement pervers, qui laissent leurs enfants (mineurs) se charger eux-mêmes de la commande. Aux termes de la loi, les mineurs n'en ont pas la capacité juridique. Même si les objets arrivent à destination, ce qui est toujours le cas, le contrat est donc nul et non avenu.

4/ En déjouant, à votre profit, les « attrape-gogos »

Vous êtes certainement nombreux à avoir reçu un courrier sur lequel est inscrit, bien en évidence, l'inscription suivante : « *Bravo M. et Mme X, vous avez gagné la somme de...* » En lisant attentivement ce courrier, vous vous êtes alors aperçus que, pour avoir une chance de gagner ce fabuleux pactole, il fallait obligatoirement participer à un futur tirage au sort. Ce procédé, qu'affectionnent particulièrement les sociétés de vente par correspondance, est aussi incorrect qu'illégal. Pour y mettre fin, le décret du 22 août 1990 impose désormais une présentation extrêmement claire, et sans la moindre ambiguïté, sous peine de forte amende.

Si vous recevez ce genre de courrier insidieux, n'hésitez pas à attaquer l'expéditeur en invoquant la tromperie sur la marchandise, en vertu de ce fameux décret du 22 août 1990.

En octobre 1991, une Lyonnaise a ainsi obtenu 50 000 F de dommages et intérêts. Une société connue lui avait adressé un courrier nominatif l'invitant à participer (sans obligation d'achat) à un jeu. Celui-ci consistait à gratter tout simplement une case pour connaître la nature et le montant du prix. Croyant avoir gagné 50 000 F, la « cliente » s'aperçut ensuite qu'il fallait attendre un tirage au sort et, en attendant, qu'un tapis de bain d'une valeur de 236 F était « mis à sa disposition ». Furieuse, elle engagea alors un procès contre la société venderesse devant le tribunal de grande instance de Lyon, invoquant la tromperie sur la marchandise. Le jugement, rendu en sa faveur, lui accorda la somme de... 50 000 F

« Comme promis », pourrait-on ajouter...

TRANSPORTS

TRANSPORTS

Voyager à tarif réduit n'a, aujourd'hui, rien de chimérique. En s'informant auprès de n'importe quel organisme (SNCF, RATP, compagnies d'aviation ou agences de voyages), on trouve toujours une formule à prix préférentiel, plus ou moins adaptée à ses moyens. Il y en a pour les jeunes, pour les étudiants, pour les personnes âgées, pour les couples, pour les groupes... Et même pour les personnes qui n'appartiennent pas à ces catégories dites « exonérées ». Tout le monde, ou presque, peut donc en bénéficier. Bien souvent, malheureusement, ces avantages ne s'octroient que sous certaines conditions (horaires, dates d'aller et de retour, durée du voyage...). Malgré tout, le choix est suffisamment vaste pour que chacun y trouve à peu près son compte. La démocratisation des transports vaut bien quelques petits sacrifices...

Hormis ces moyens qui vous permettent de voyager à moindre frais, il en existe d'autres, généralement méconnus, qui réduisent encore davantage les coûts. Certains offrent même la gratuité totale. Il y a ceux que l'on découvre dans les textes de loi, et ceux qui nécessitent un minimum de jugeote.

Détaillées ci-après, les astuces pour voyager encore moins cher sont simples, efficaces et ouvertes à (presque) tous. Parfois, vous vous apercevrez qu'il suffisait juste d'y penser...

COMMENT BÉNÉFICIER D'UN BILLET DE CONGÉ ANNUEL

Une fois par an (du 1er janvier au 31 décembre), à l'occasion d'un congé payé légal, et pour un parcours aller-retour d'au moins 200 km, toute personne (salarié français ou étranger, chômeur, retraité, travailleur non assujetti à l'impôt sur le revenu...) peut bénéficier d'une réduction de 25 % sur le billet SNCF de 2e classe — et de 50 % si le paiement est effectué avec des chèques-vacances.

Autre avantage : cette réduction n'est pas uniquement nominative. Peuvent en effet figurer sur le même billet à 25 % de réduction le conjoint et les enfants de moins de 21 ans, le père ou la mère (pour les célibataires), à condition qu'ils partagent le même domicile et n'aient pas déjà bénéficié dans l'année de ce billet de congé annuel. Figurer sur un même billet n'oblige pas, en outre, à emprunter le même train. Rien n'empêche la famille de voyager en deux groupes.

Valable trois mois, ce billet est utilisable sur pratiquement tous les parcours et pour n'importe quel horaire. Il offre même une réduction de 10 % sur les cars SNCF.

En retirant un formulaire dans un bureau SNCF

Disponible pour tous, ce formulaire doit être remis à la gare au moins 24 heures à l'avance (deux mois au plus tôt), après l'avoir fait timbrer par le cachet de votre employeur. N'oubliez pas, lors de votre voyage, de vous munir d'une pièce justificative attestant que vous faites bien partie de la catégorie bénéficiaire (carte de Sécurité sociale pour les salariés, attestation sur l'honneur pour les travailleurs indépendants ou titre de paiement des Assedic pour les chômeurs). Si votre famille utilise, elle aussi, ce billet, le livret de famille vous sera demandé.

A NE PAS FAIRE

Il existe tout un tas de petits malhonnêtes qui, pour bénéficier de plusieurs billets de congé annuel à tarif réduit sur la même année, font tamponner tous les formulaires, préalablement retirés à la SNCF. C'est interdit, bien sûr, ce billet n'étant valable qu'une fois par an, mais tellement tentant et facile à réaliser…

COMMENT VOYAGER EN PREMIÈRE AVEC UN BILLET DE SECONDE

Cette combine, tout à fait légale, n'est possible que si le train ne possède plus de places libres en seconde, et si le billet a été acheté sans réservation.

En exigeant une place assise lors du contrôle

On l'oublie trop fréquemment, mais la loi exige que tout passager utilisant l'un des transports de la SNCF doit bénéficier d'une place assise. Admettons alors que vous soyez muni d'un billet de seconde et que tous les wagons de cette classe soient bourrés à craquer... Au lieu d'effectuer le voyage debout, ou inconfortablement assis sur l'un des sièges du wagon-restaurant, installez-vous tranquillement en première. Le contrôleur ne pourra, en aucun cas, exiger la différence (le supplément pour accéder en 1re, si vous préférez).

Et s'il vous somme de rejoindre sur-le-champ les wagons de seconde classe, n'acceptez qu'à la condition expresse de bénéficier d'une place assise. Considérant qu'il y a généralement plus de places vacantes en première qu'en seconde, surtout lors des grandes périodes de départ, voilà un bon moyen (légal) de voyager confortablement à moindre frais.

A NE PAS FAIRE

Il arrive — c'est même assez courant — que vous ne soyez pas contrôlés durant le trajet. Normalement, le billet ne peut vous être remboursé, puisque vous l'avez préalablement composté. Certains délinquants ne compostent que leur réservation. S'ils échappent au contrôle, il ne leur restera plus qu'à se faire rembourser le billet, non composté, lui...

Il existe un procédé encore plus vicieux, et tout aussi condamnable. Pour un long trajet, rien n'empêche les voyageurs de décomposer leur parcours en plusieurs tronçons. Exemple pour Paris-Bordeaux : Paris-Tours, Tours-Poitiers, Poitiers-Angoulême, Angoulême-Bordeaux. Munis de ces billets découpés en tronçons, le voyageur ne présentera que celui correspondant au parcours sur lequel il se trouvera au moment du contrôle. Bien sûr, dans ce cas, aucun des billets ne sera composté (à moins de descendre du train à chaque gare pour le faire...). Mais cela ne constitue en rien un délit, même si les contrôleurs aiment à faire croire le contraire.

COMMENT OBTENIR DES DOMMAGES ET INTÉRÊTS EN CAS DE RETARD DES TRAINS

1/ En invoquant un préjudice dû au retard

Depuis toujours, les trains doivent arriver à l'heure. Cette obligation ne date pas d'hier puisqu'un vieux décret du 1er mars 1901 (article 27) le stipulait déjà : « *Aucun train ne pourra sortir d'une gare ni y arriver avant l'heure déterminée par l'horaire et la marche des trains.* » Le retard d'un train peut donc être considéré comme une violation du règlement. Une violation (malheureusement courante malgré la haute technicité des systèmes actuellement en vigueur) d'autant plus fâcheuse qu'elle porte souvent préjudice aux voyageurs. Que de fois un homme d'affaires a manqué un rendez-vous à cause d'un train en retard... Que de fois un voyageur a dû engager des frais (d'hôtel, de correspondance ou autres) pour les mêmes raisons... Il est donc tout à fait possible, et même recommandé, d'exiger des dommages et intérêts à la SNCF en cas de retard sur n'importe quelle ligne ferroviaire. C'est un droit absolu donné à tous les voyageurs, sans distinction. Bien évidemment, plus le préjudice subi sera important, plus les dédommagements seront faciles à obtenir.

COMMENT VOYAGER SANS BILLET

1/ En déclarant que vous l'avez perdu

Cela peut arriver à tout le monde. On achète son billet, on le composte, on s'installe dans l'un des compartiments du train et, au moment où l'on entend le contrôleur annoncer « Contrôle des billets, s'il vous plaît ! », on fouille minutieusement ses poches, et l'on n'y trouve rien. Le billet est donc déclaré perdu. En règle générale, le contrôleur ne l'entend pas de cette oreille. Sans chercher à comprendre, il dresse sa contravention pour défaut de titre de transport. Peut-on ainsi punir un voyageur qui aurait perdu son billet ? Les tribunaux n'ont pas l'air d'accord. Plusieurs arrêts stipulent que :

> « *la loi punit le fait d'entrer dans un compartiment sans billet, mais ne punit pas le fait de voyager sans billet..., un billet peut fort bien avoir été égaré sans que la mauvaise foi du voyageur fût prouvée* ».

Un billet perdu en cours de route ne doit donc pas entraîner de sanctions. Si l'on a en sa possession un document (facture, récépissé de carte bancaire, talon de chèque...) prouvant que le billet existait bel et bien, il ne faut surtout pas accepter d'en acheter un nouveau, encore moins s'acquitter d'une taxe ou d'une contravention. Si l'on n'a rien non plus, d'ailleurs, car il vaut mieux aller devant les tribunaux pour invoquer sa bonne foi — ce qui est toujours pris en considération — que de se laisser intimider par le premier contrôleur venu.

Bon à savoir

Les contrôleurs de la SNCF doivent porter un uniforme réglementaire dans l'exercice de leurs fonctions (article 73 de l'ordonnance sur les chemins de fer pour les voyageurs). La jurisprudence en la matière est, bien évidemment, quasi inexistante. Mais l'on peut tout de même en retirer une petite anecdote.
Le 14 mai 1884, le tribunal correctionnel de Toulouse fut saisi pour une drôle d'affaire. Un voyageur des chemins de fer, peut-être pointilleux, peut-être moqueur, avait dit au contrôleur qui lui demandait de présenter son titre de transport : « *Vous me demandez mon billet au nom du règlement, mais mettez d'abord vos gants blancs pour obéir à ces mêmes règlements !* » Vexé, le contrôleur avait alors porté plainte pour outrage. Un peu ennuyé, le tribunal décida finalement que l'injonction de mettre des gants blancs était non un outrage, mais une simple plaisanterie. Le voyageur fut donc relaxé. Quelques années plus tard (le 15 novembre 1891), la même affaire se reproduisit, jugée cette fois par le tribunal de Blaye. Celui-ci déclara qu'un voyageur n'était pas dispensé de montrer son billet parce que le contrôleur n'avait

pas de gants blancs. En vérité, et on ne le sut que plus tard, il n'y eut dans cette exigence de quelques voyageurs qu'un simple malentendu. En invoquant, contre les contrôleurs, le règlement qui les obligeait à porter un uniforme, ces voyageurs faisaient référence aux traditions de l'uniforme. Car à l'origine des chemins de fer, il n'y avait pas d'uniforme sans gants blancs.
Rien ne vous empêche, encore aujourd'hui, d'exiger du contrôleur le port des gants blancs. Ne serait-ce que pour voir la tête qu'il fera...

2/ En n'ayant pas eu le temps de le prendre

Aujourd'hui, la plupart des voyageurs retirent directement leurs billets à la gare. Mais que faire lorsque le(s) guichet(s) est (sont) surchargé(s) et que son train s'apprête à partir ? Soit on attend le suivant, soit on décide quand même de monter dans un wagon. De toute façon, rien ne vous empêche de monter à bord d'un train sans billet, puisque le contrôleur ne l'exige pas à l'entrée des compartiments.

Si cela vous arrive, attendez le départ du train et partez ensuite à la rencontre du contrôleur pour lui signifier que, compte tenu de l'encombrement constaté devant le(s) guichet(s), vous n'avez pas eu les moyens de retirer votre billet à temps. Celui-ci vous délivrera alors un titre de transport, assorti d'une surtaxe (de 75 F en général, quel que soit le trajet). Libre à vous de payer sur-le-champ. Un conseil, toutefois : refusez la surtaxe !

Vous pouvez, pour cela, invoquer au moins deux motifs :

— La SNCF a des obligations envers ses passagers. Ces obligations sont considérées par la loi comme des règlements — la SNCF n'a donc pas intérêt à les violer. Or il est entendu que, pour la distribution des billets, un ou plusieurs guichets doivent être mis à la disposition des passagers. Une trop longue attente au guichet peut vous faire rater votre train. Est-ce alors considéré comme une faute que de monter à bord d'un train sans billet parce que le guichet n'a pu vous le délivrer dans un délai raisonnable (disons 15 minutes) ? En vous pénalisant d'une surtaxe, la SNCF — qui ne cherche jamais à savoir si, dans ce cas, sa responsabilité est engagée — dit que oui. Les tribunaux, heureusement, ne l'entendent pas de la même oreille.

— L'article 32 de la loi du 9 juillet 1991 relative à la réforme des voies d'exécution est un vrai bonheur. Celui-ci stipule en effet que « *les frais de recouvrement restent à la charge du demandeur* ». La SNCF peut vous demander tous les frais qu'elle veut, cela ne changera rien à la somme dont vous devrez vous acquitter (avant que l'affaire ne vienne, bien sûr, devant les tribunaux) : celle du prix exact du billet. Toute surtaxe exigée pourrait alors être considérée comme la résultante d'un abus de pouvoir.

COMMENT OBTENIR LES MEILLEURES RÉDUCTIONS SUR UN BILLET D'AVION

Si vous désirez, comme beaucoup, voyager à moindre frais, les bonnes astuces ne manquent pas. Choisissez la vôtre.

1/ En contactant les agences spécialisées dans les soldes

Toutes les compagnies d'aviation, françaises et étrangères, proposent des tarifs réduits ou promotionnels. Ceux-ci sont parfois intéressants, mais leurs prix restent bien en deçà de ceux proposés par certaines agences privées, dont l'activité est d'acheter en vrac toutes les places invendues par les compagnies — elles sont parfois très nombreuses, selon les saisons et les destinations — avant de les revendre, soldées, sur le marché, directement aux particuliers. Cette nouvelle forme de « discount » s'est beaucoup développée ces dernières années.

Quelques numéros de téléphone utiles :
— « Dégrif'tours » au (1) 30 30 08 84
— « SOS Charters » au (1) 45 84 66 77
— « Any Way » au (1) 40 28 00 74
— « Loin voyages » au (1) 42 21 03 65
— « Selectour » au (1) 42 85 40 84

2/ En se rendant directement à l'aéroport

Si vous avez le goût de l'aventure et du hasard, faites votre valise (remplie de vêtements chauds ou légers, selon vos envies) et rendez-vous directement à l'aéroport international. Renseignez-vous ensuite auprès des différentes compagnies (charters de préférence) sur toutes leurs disponibilités de dernière minute.

Toutes les places vacantes (annulation récente ou non-présentation des passagers à la clôture de l'enregistrement) qui n'ont pas eu le temps d'être revendues peuvent en effet se négocier à des prix sacrifiés. En optant pour cette solution, assez hasardeuse il est vrai (vous ne pourrez jamais connaître votre destination à l'avance), vous vous serez offert un billet d'avion — et donc des vacances dépaysantes — à un tarif particulièrement attractif. De quoi, en tout cas, vous donner envie de renouveler l'expérience !

Précision : ces billets de dernière minute achetés directement à l'aéroport excluent les destinations pour lesquelles un visa est exigé.

A NE PAS FAIRE

Sur l'ensemble des vols Air Inter, et sur certains vols Air France, sont accordées des réductions de 25 à 60 % à certains passagers. Parmi eux figurent les jeunes (de moins de 25 ans), les étudiants (de moins de 27 ans) et les personnes âgées (d'au moins 60 ans). Normalement, pour bénéficier de ces réductions, il faut prouver son appartenance à l'une de ces catégories. Or, il se trouve que de nombreuses agences de voyages n'exigent pas la présentation d'une carte d'identité (ou d'une carte d'étudiant) et délivrent les billets sur simple attestation orale. Muni de son billet à tarif réduit, le fraudeur n'a plus qu'à le présenter au comptoir d'enregistrement Air Inter (ou Air France) qui, lui, ne demande jamais — ou presque — la preuve de l'identité du passager. Ce stratagème est illégal bien évidemment. Il exige en outre de la crédibilité : une personne d'âge mûr (ou certain) ne saurait se présenter à l'enregistrement munie d'un billet pour jeunes, et inversement...

3/ En achetant un billet pour groupes

Les compagnies d'aviation accordent aussi des réductions (jusqu'à 60 % sur Air Inter et sur Air France) aux groupes (de 5 à 10 personnes minimum, selon les vols). Rien ne vous empêche de demander à votre agence de voyages habituelle de constituer un groupe de personnes prenant le même avion (aller simple ou aller et retour). Il s'agit seulement de s'y prendre à l'avance. Une contrainte minime, compte tenu de l'économie réalisée...

4/ En faisant le coursier

Bien sûr, il ne s'agit pas, ici, de chevaucher votre Mobylette et d'aller livrer des colis un peu partout, mais, plutôt, de se faire remettre un pli et de le convoyer à une destination bien précise.

L'intérêt de cette opération, c'est qu'elle vous permet de voyager à moindre frais. Car il faut bien vous rémunérer pour le port de ce pli. A titre d'exemple, un billet d'avion Paris-Londres A-R ne vous reviendra qu'à 250 F (au lieu de 1 000 F environ).

Si faire le coursier vous intéresse, contactez la société Jet-Services (tél. : (1) 48 62 65 74) et demandez-leur s'ils ont des plis à convoyer à telle ou telle destination.

A NE PAS FAIRE

— Les contrôles d'identité étant très peu fréquents sur les vols intérieurs, il n'est pas rare de surprendre des personnes qui, pour bénéficier de réductions auxquelles elles n'ont pas droit, « empruntent » la carte d'abonnement d'un de leurs amis lors de l'émission du billet d'avion.

— Toutes les compagnies aériennes, qu'elles soient françaises ou étrangères, proposent d'autre part des billets à des tarifs très avantageux, à condition de fixer une date précise de départ et de retour pour un séjour n'excédant généralement pas 21 jours. En choisissant cette option, il faut savoir que le billet n'est ni remboursable, ni modifiable. Certains, qui veulent bénéficier de ces tarifs sans en supporter les contraintes, vont jusqu'à produire un certificat médical « bidon » attestant qu'ils sont dans l'impossibilité de voyager aux dates figurant sur le billet pour raisons de santé ! Sans exiger d'explications — rappelons à toute fin utile que le secret médical est inviolable —, les compagnies aériennes leur offriront un nouveau billet, à la date de leur choix, et sans le moindre supplément de prix.

LA REDEVANCE TÉLÉ

LA REDEVANCE TÉLÉ

Que vous l'ayez acheté ou loué, qu'on vous l'ait prêté ou donné, votre poste de télévision sera obligatoirement soumis au même impôt : celui de la redevance. Il vous en coûtera environ 600 F par an pour un récepteur couleur (ou plusieurs, s'ils sont tous sous le même toit), près de 400 F pour un noir et blanc.

Autant dire un juteux filon pour l'État qui, en créant la taxe sur l'image (le son de la radio, lui, y a heureusement échappé...), a trouvé un nouveau moyen pour alimenter ses caisses. Et financer, en partie, ses organismes audiovisuels (France 2, France 3, INA, Radio France...).

Pour la seule année 1990, cette fameuse redevance lui a permis de récolter, auprès des 17 millions de comptes imposables, environ 8 milliards de francs. La tendance serait même à la hausse puisque, au petit jeu de la comparaison, le ministère de la Communication ne cesse de faire remarquer que la redevance française est l'une des moins élevées d'Europe (mais se garde bien de rappeler qu'en Espagne, elle n'a jamais été perçue...).

Il ne s'agit pas, ici, d'entrer dans la polémique — du genre « pour ou contre la redevance TV ». Mais, plutôt, de vous informer sur tous les petits trucs légaux (et bien souvent insoupçonnés) qui permettent de passer au travers.

Longue vie aux téléspectateurs !

COMMENT ÉCHAPPER A LA REDEVANCE TV

Normalement, dès la prise de possession de votre téléviseur, vous devez le déclarer au centre régional des redevances. On vous remettra alors une sorte de « passeport » pour l'impôt TV, date d'échéance et modalités de paiement comprises. Il ne vous restera plus, ensuite, qu'à passer chaque année à la caisse. Et attention aux retardataires : en cas de non-acquittement dans les deux mois, on majorera l'addition de 30 %. Pourquoi 30 % ? Parce que l'État, qui ne rigole pas avec la redevance, l'a voulu ainsi !

Autre mise en garde : si vous décidez de vous séparer de votre appareil, n'oubliez surtout pas de formuler une demande de résiliation de compte, pour éviter les poursuites. Il n'est pas rare, en effet, qu'on vous somme de payer une redevance pour un poste qui n'existe plus...

Rien ne vous empêche d'être scrupuleusement discipliné. Mais mieux vaut ne pas payer les yeux fermés : c'est une habitude à prendre !

1/ En bénéficiant de l'exonération

Sont exonérés (sous réserve de ne pas être assujetti à l'impôt sur le revenu) :

• *les personnes de plus de 60 ans,* qu'elles vivent seules, avec leur conjoint ou avec des personnes non imposables.

• *les invalides et mutilés civils ou militaires* qui sont dans l'incapacité de subvenir à leurs besoins (donc, les titulaires de la carte d'invalidité à 80 %, les titulaires de l'allocation aux adultes handicapés — il faudra nous expliquer, vous, les messieurs du gouvernement, pourquoi l'enfant invalide n'a pas le droit à l'exonération... —, les titulaires d'un titre de pension de 2e ou 3e catégorie de la Sécurité sociale ou d'un régime assimilé, etc.).

Si vous n'appartenez pas à ces catégories exemptées d'office (à condition, bien sûr, qu'elles aient préalablement rempli et envoyé un formulaire spécial), il vous sera peut-être possible, vous aussi, de prétendre à d'autres exonérations.

2/ En invoquant de réelles difficultés financières

Sachez que vous êtes tout à fait en droit de demander une remise partielle ou totale de la taxe. Pour cela il vous suffit, dès réception de l'avis, d'adresser, par lettre recommandée, une demande de remise gracieuse en expliquant vos raisons (chômage, faibles revenus ou autres). Petite indication utile : le centre régional de redevance peut vous accorder une remise sans même exiger de justificatifs.

3/ En faisant état d'un mauvais fonctionnement de votre antenne ou de votre téléviseur

Les perturbations, ça existe ! N'hésitez pas, dans le cas où vous les subiriez, à adresser, toujours à votre centre régional de redevance, une lettre recommandée du genre :

« *Ne pouvant, pour causes de problèmes d'antenne, regarder la télévision dans de bonnes conditions, je souhaiterais, si possible, bénéficier d'une exonération de 50 % sur la redevance...* »

Cette requête donne généralement d'excellents résultats. A titre d'information, sachez que vous avez 1 chance sur 1000 de voir débarquer chez vous un enquêteur assermenté. De toute façon, même si c'était le cas, il n'aurait pas le droit de pénétrer chez vous si vous le lui interdisiez.

4/ En faisant acheter votre poste TV par une personne exonérée

Vous trouverez bien, dans votre entourage, un ami ou un membre de votre famille non soumis à la redevance. Demandez-lui, tout simplement, d'acheter le poste désiré à votre place. Officiellement, celui-ci ne vous appartiendra pas. Pas de taxe à payer, donc...

5/ En le faisant acheter par une personne déjà soumise à la redevance

Que l'on possède, sous le même toit, un ou plusieurs postes, la redevance n'est exigible qu'une seule fois. Rien ne vous empêche de faire ainsi acheter votre poste TV par quelqu'un qui s'acquitte déjà de la taxe. Comme pour le cas précédent, votre nom n'apparaîtra pas sur les fichiers.

6/ En remplaçant votre récepteur par un moniteur TV

Si vous possédez un magnétoscope — qui, lui, rappelons-le, échappe à la redevance —, achetez plutôt un moniteur écran TV et branchez-le tout bêtement dessus.

Explication : le moniteur est un poste récepteur qui, faute de tuner, ne peut capter les chaînes de télévision. Le magnétoscope, en revanche, a cette fonction. Il vous suffit alors de connecter les deux appareils, et le tour est joué ! Comme le moniteur coûte le même prix qu'un poste TV (de 1 500 à 6 000 F, selon la taille de l'écran), vous n'avez aucune raison de vous en priver...

7/ En refoulant légalement l'huissier

Si vos nom et adresse sont inscrits sur le fichier du centre régional, il existe quand même un moyen d'échapper à la redevance. Commencez d'abord par ne pas la payer. Très vite, les lettres de rappel vont se succéder et, bientôt, un huissier vous écrira pour réclamer, sous peine de poursuites et de saisies, le montant de la redevance (plus les frais, généralement élevés) « au nom et pour le compte de... », en vertu du titre exécutoire rendu contre vous. Faites comme si de rien n'était, et attendez bien sagement qu'il se présente chez vous. Exigez ensuite qu'il produise le titre exécutoire en vertu duquel il agit. Il faut en effet rappeler que, aux termes de l'article 551 du Code de procédure civile, les saisies mobilières ou immobilières ne peuvent être effectuées qu'en vertu de ce fameux titre exécutoire, délivré après décision de justice. Seulement voilà, le recouvrement de ce genre d'amende échappe régulièrement aux décisions de justice ! Comment l'huissier peut-il alors vous présenter un titre qu'il n'a pas ? Sa situation est d'autant plus embarrassante — et illégale, donc — qu'il se trouve dans l'impossibilité de demander l'assistance d'un commissaire de police, ce dernier ne pouvant agir qu'après vérification de la décision de justice. Une décision qui, en la matière, relève du domaine de la science-fiction...

A NE PAS FAIRE

Le mandat adressé à soi-même

Il y a mille et une manières — plus ou moins légales — de faire croire que l'on a payé, alors que, bien entendu, ce n'est pas le cas. L'une des plus utilisées est celle du mandat adressé à soi-même. Nombreux, donc, sont ceux qui s'envoient un mandat s'élevant à la somme exacte du prix de la redevance. Le bordereau des PTT en main, ils attendent alors bien sagement la lettre de rappel de leur centre régional de redevance. Une fois celle-ci arrivée, il ne leur reste plus qu'à présenter ce précieux bordereau (qui ne mentionne ni le nom ni l'adresse du destinataire), en affirmant s'être déjà acquittés de la somme. Au centre régional de redevance de prouver le contraire...

Le nom et l'adresse « bidons »

Le procédé est aussi classique qu'imparable : il suffit de payer le téléviseur de son choix en argent liquide, et de donner au revendeur un nom et une adresse totalement fantaisistes. Mais c'est immoral.

AUTOMOBILE

LES CONTRAVENTIONS

Chaque matin, sur les coups de neuf heures, elles arrivent en ville. Vêtues d'un uniforme bleu électrique et munies d'un stock de papillons verts, les contractuelles commencent à arpenter les rues de leur secteur. Mission : verbaliser tous les véhicules en défaut de stationnement. Normal qu'elles soient si nombreuses, il y a tant à verbaliser ! Stationnement gênant, abusif, dangereux, parcmètre non payé (à la minute près), arrêt sur zone de livraison, sur voie réservée aux transports en commun… Les contractuelles n'ont que l'embarras du choix.

En tout cas, une chose est sûre : elles font bien leur boulot. Figurez-vous que, grâce à elles (et à tous les autres agents verbalisateurs), l'État empoche environ 2,2 millions de francs par jour. Quelle meilleure « pompe à fric » que les contraventions pour défaut de stationnement ? Pour les citadins, c'est un véritable cauchemar. Car, même les plus disciplinés n'y échappent pas. D'autant que les contractuelles, assez zélées il faut le dire, ne sont pas du genre sentimental.

Vous qui collectionnez les papillons verts comme d'autres les fleurs séchées, ne vous affolez pas. Et, surtout, n'imaginez pas qu'en payant, vous serez considéré comme un bon citoyen. Là, vous auriez tout faux !

Tout simplement parce que la plupart des contraventions sont illégales. Oui, vous avez bien lu : I.L.L.É.-G.A.L.E.S. En les contestant, vous rendrez ainsi service à l'État, au Droit et, bien sûr, à vous-même. Noble mission.

COMMENT NE PAS PAYER SES CONTRAVENTIONS

Il existe tellement de moyens, tous utilisables en vertu de la loi, que les méconnaître devrait presque être considéré comme une faute. Mais attention ! Prenez garde. En butte à un abondant courrier de contestations, les services administratifs concernés font aujourd'hui tout pour dénicher une parade en forme de non-recevoir et ainsi débouter les demandeurs. Ne vous laissez toutefois pas impressionner, car toutes les procédures que vous engagerez auront, à défaut d'être réglées rapidement en votre faveur, un immense mérite : gagner un maximum de temps.

1/ En invoquant leur caractère illégal

Vous disposez, pour cela, de quatre prérogatives :

A. La majorité des procès-verbaux dressés pour les infractions de stationnement ne mentionnent jamais les nom, qualité et fonction de l'agent verbalisateur. Il n'est donc pas possible de déterminer l'étendue de ses pouvoirs. Ces procès-verbaux sont, de fait, irréguliers en vertu de l'article 429 du Code de procédure pénale. Celui-ci stipule que :

« *Tout procès-verbal ou rapport n'a de valeur probante que s'il est régulier en la forme, si son auteur a agi dans l'exercice de ses fonctions et a rapporté sur une matière de sa compétence ce qu'il a vu, entendu ou constaté personnellement.* »

1. « *Sont irréguliers, comme contrevenant aux dispositions des art. 429, D. 10 et D. 11 du Code de procédure pénale, des procès-verbaux qui sont rédigés au crayon de cahier, en une écriture plus ou moins effacée ou illisible, et qui ne mentionnent pas le nom et la signature de l'agent qui a instrumenté.* »
Douai, 3 juin 1986, « *Gazette du Palais* » 1986. 2. 589.

D'autre part, et cela est clairement inscrit dans le jugement rendu par le tribunal de Douai, tout procès-verbal doit être rédigé en une écriture lisible. Les agents verbalisateurs savent, en principe, lire et écrire. Mais le papillon vert, placé sur le pare-brise à l'extérieur du véhicule, peut être exposé aux intempéries. Comment lire clairement un procès-verbal si la pluie ou la grêle lui sont tombées dessus ? Et comment faire lorsque, après l'avoir « recueilli », vous laissez malencontreusement tomber un verre d'eau dessus ?

B. Tout instrument de mesure, destiné à être utilisé dans le cadre du service public, doit obligatoirement subir une procédure d'homologation et de contrôle périodique. Comme par hasard, parcmètres et horodateurs — qui ne sont ni agréés ni contrôlés par le service officiel des Poids et Mesures — échappent à cette procédure. Leur utilisation sur la voie publique est donc strictement interdite. Et constitue même une infraction.

C. Ces appareils — les parcmètres et les horodateurs — n'acceptent que des pièces de monnaie d'un type déterminé. Il est donc impossible de payer la location d'une place de stationnement à l'aide de billets de banque, ceux-ci ayant pourtant la même valeur libératoire que la monnaie métallique. Résultat : leur présence sur la voie publique — d'autant qu'aucun appareil n'est implanté à proximité pour assurer le change — constitue une nouvelle infraction.

D. Si vous avez été verbalisé pour avoir stationné sur une « zone de livraison », ce qui est très fréquent en ville, sachez que cesdites « zones de livraison » sont illégales, comme contraires au principe de l'égalité des citoyens devant la loi. Pourquoi certains privilégiés y auraient-ils droit et pas d'autres ? Le Tribunal de Police de Paris s'est déjà prononcé sur le caractère illégal et arbitraire des attributions concernant ces zones de livraison. Cela n'empêche pas les agents verbalisateurs, sans doute mal informés, de continuer leur terrible besogne et de distribuer des contraventions à toutes les voitures de particuliers stationnées dessus.

Maintenant que vous connaissez le caractère illégal des contraventions, il ne vous reste plus qu'à les contester.

Plusieurs procédures vous sont offertes :

• Une première procédure est prévue par l'article 529-2 du Code de procédure pénale. Celui-ci stipule que :

> « *dans le délai de 30 jours qui suit la constatation de l'infraction, le contrevenant doit s'acquitter du montant de l'amende, à moins qu'il ne formule,*

dans ce même délai, une requête auprès du service indiqué sur l'avis de contravention. Cette requête est ensuite transmise au Ministère Public... »

Vous avez 30 jours pour contester légalement votre (ou vos) contravention(s) par lettre (exemple p. 156). Après réception, le Parquet a deux possibilités : soit il classe le dossier, soit il engage des poursuites, dans le cas où il estime la réclamation non fondée.

Contestation des contraventions : Exemple de lettre à adresser dans les 30 jours au service indiqué au verso de la carte-réponse (à Paris, c'est la Préfecture de Police ; en province, c'est la direction des polices urbaines ou le commissariat).

Messieurs,

Je vous indique que j'entends, par la présente, et en application des articles 529-2 et 530-1 du Code de procédure pénale, contester la réalité de cette (ou de ces) contravention(s) pour les motifs suivants :

1. Les parcmètres et horodateurs ne sont ni agréés ni contrôlés par le Service des Instruments de Mesure. Leur utilisation sur la voie publique est donc illégale et constitue même une infraction.

2. Ces appareils n'acceptent que des pièces de monnaie d'un type déterminé. Il n'est donc pas possible de payer à l'aide de billets de banque, ceux-ci ayant pourtant la même valeur libératoire que la monnaie métallique. Ne disposant pas de pièces du type requis, et ne trouvant pas, à

proximité, un appareil pour assurer le change, je n'ai pas pu payer la location de ma place de stationnement. Cette situation est irrégulière.

3. Le procès-verbal ne mentionne pas les qualité, nom et fonction de l'agent verbalisateur. Comment peut-on alors déterminer l'étendue de ses pouvoirs ? Ce procès-verbal est donc irrégulier aux termes de l'article 429 du Code de procédure pénale.

Je vous prie de croire, Messieurs, en ma plus haute considération.

PS : Vous trouverez, en annexe, photocopie(s) de(s) l'avis de contravention dont les références sont mentionnées ci-dessus.

• Une seconde procédure est destinée aux retardataires qui n'ont pas réagi dans le délai de 30 jours. Un avertissement leur est alors adressé. Tout cela est heureusement prévu par l'article 530 du Code de procédure pénale :

> « *Dans les dix jours de l'envoi de l'avertissement invitant le contrevenant à payer l'amende majorée, l'intéressé peut former, auprès du Ministère Public, une réclamation qui a pour effet d'annuler le titre exécutoire. Cette réclamation reste recevable tant que la peine n'est pas prescrite…* »

Cela revient à dire que, dès réception d'un commandement d'huissier délivré « à personne », ou d'une lettre recommandée de la Trésorerie des Amendes, vous disposez d'un délai de dix jours pour envoyer, directement au Parquet du Tribunal de Police, votre lettre de réclamation (exemple p. 158).

Contestation des contraventions : Exemple de lettre à adresser dans les dix jours de réception du commandement par huissier ou d'une lettre recommandée de la Trésorerie des Amendes au Tribunal de Police du lieu de l'infraction.

Parquet du Tribunal de Police

Monsieur l'Officier du Ministère Public,

Je viens de recevoir un commandement (ou avis de saisie, ou avis d'opposition administrative, ou...) qui concerne des contraventions à la réglementation du stationnement.

Je vous indique que j'entends, par la présente, et en application des articles 529-2 et 530-1 du Code de procédure pénale, contester la validité de ces contraventions pour les motifs suivants :

1. Ces procès-verbaux ne mentionnent pas les nom, qualité et fonction de l'agent verbalisateur...

2. Les parcmètres et horodateurs ne sont toujours pas agréés, ni contrôlés par le Service des Instruments de Mesure...

3. Ces appareils n'acceptent que des pièces de monnaie d'un type déterminé, et n'autorisent donc pas le

paiement à l'aide de billets de banque, ceux-ci ayant pourtant valeur libératoire au même titre que la monnaie métallique...

4. Je conteste également les contraventions pour stationnement sur « zones de livraison », les dites zones étant parfaitement illégales, comme contraires au principe de l'égalité des citoyens devant la loi.

Merci d'avance de me faire connaître, dès que possible, vos intentions dans cette affaire. Il va de soi que, conformément aux textes en vigueur, vous devez notifier — sans délai — à la Trésorerie des Amendes l'annulation des titres exécutoires qui me concernent.

Je vous prie de croire, Monsieur l'Officier du Ministère Public, en ma plus haute considération.

PS : Vous trouverez, en annexe, photocopie du commandement (ou avis de saisie, ou avis d'opposition administrative, ou...) dont les références sont mentionnées ci-dessus.

Vous pouvez procéder de la même façon si vous apprenez que le Trésor public a bloqué votre compte bancaire. La lettre de réclamation devra immédiatement annuler cette « opposition administrative ».

Bon à savoir

Si l'acte de poursuites n'a pas été remis en main propre (96 % des cas), il n'existe aucune preuve que vous l'ayez effectivement reçu. Comment le délai légal de 10 jours pourrait-il alors commencer

à courir ? Cela vous permet de gagner un temps précieux.
Cette deuxième procédure, si elle est faite dans le délai, entraîne normalement l'interruption des poursuites. Dans le cas où vous recevriez une convocation à comparaître au Tribunal de Police, ne paniquez surtout pas. D'abord parce que, compte tenu du caractère illégal des contraventions, vous avez de nombreuses chances d'être relaxé. Ensuite parce que, même si vous êtes condamné (ce qui est peu probable), l'exercice des voies de recours (appel et pourvoi en cassation) permet, une fois encore, de gagner du temps. Et sachez qu'aucune poursuite ne pourra continuer tant que l'affaire ne sera pas définitivement jugée. D'ici là, une amnistie sera peut-être passée...
Si un huissier vous menace de saisie, n'hésitez pas à lui envoyer une photocopie de la lettre adressée au Parquet du Tribunal de Police.

• La troisième procédure s'utilise lorsque le Trésor public ou l'officier du ministère public s'acharnent à vous faire régler les amendes, cela malgré toutes les lettres de contestations envoyées dans les délais. Votre joker, c'est l'article 174 du Code pénal. Celui-ci stipule que :

> « *Tout fonctionnaire ou officier public, tout percepteur des droits, contributions ou deniers publics, leurs commis ou préposés, qui auront reçu, exigé ou ordonné de percevoir pour droits, taxes, contributions ou deniers, ou pour salaires ou traitements, ce qu'ils savaient n'être pas dû ou*

excéder ce qui était dû, seront punis d'un emprisonnement de deux à dix ans, et leurs commis ou préposés d'un emprisonnement d'un à cinq ans; une amende de 300 F à 400 000 F sera toujours prononcée.

Le condamné pourra être interdit pendant dix ans au plus, à partir de l'expiration de la peine, des droits énumérés en l'article 42 du présent code. En outre, l'interdiction de séjour pourra être prononcée pour une durée de deux à dix années.

Les dispositions qui précèdent sont applicables aux greffiers et officiers ministériels lorsque le fait a été commis à l'occasion des recettes dont ils sont chargés par la loi.

Seront punis des mêmes peines tous détenteurs de l'autorité publique qui ordonneront des contributions directes ou indirectes autres que celles autorisées par la loi, tous fonctionnaires, agents ou employés qui en établiront les rôles ou en feront le recouvrement.

Les mêmes peines seront applicables aux détenteurs de l'autorité publique qui, sous une forme quelconque et pour quelque motif que ce soit, auront, sans autorisation de la loi, accordé des exonérations ou franchises de droit, impôts ou taxes publics, ou auront effectué gratuitement la délivrance de produits des établissements de l'État.

Les bénéficiaires seront punis comme complices.

Dans tous les cas prévus au présent article, la tentative du délit sera punie comme le délit lui-même. »

Des concussions commises par les fonctionnaires publics, Art. 174 (L. 24 novembre 1943, validée par Ord. 28 juin 1945).

Ce texte de loi, sans pitié pour les fonctionnaires qui exigent de percevoir ce qu'ils savent n'être pas dû, est tout à fait de circonstance pour le recouvrement des contraventions. Vous êtes en droit de l'invoquer dans le courrier adressé au Parquet du Tribunal pour obtenir l'annulation de l'ensemble des poursuites.

• Il existe une quatrième procédure : le recours en grâce.

Ne l'utilisez qu'à la condition d'avoir épuisé tous les autres recours légaux. Adressez, pour ce faire, une lettre au président de la République dans laquelle, textes de lois à l'appui, vous vous étonnerez de voir ainsi bafoués, par les pouvoirs publics eux-mêmes, les principes d'équité et de justice. Insistez aussi sur le fait que vous n'avez malheureusement pas les moyens de payer cette avalanche de contraventions.

2/ En déjouant le piège de la lettre recommandée et du commandement par huissier

Il arrive que, malgré les lettres de contestation, l'officier du ministère public adresse une réponse en forme de fin de non-recevoir, objectant que la réclamation n'a pas été faite dans les délais légaux et se trouve donc irrecevable. Si cette mésaventure vous arrive, sachez que c'est au Parquet de prouver que les délais ont bel et bien été dépassés, et non pas l'inverse...

L'article 530 du Code de procédure pénale le précise d'ailleurs très bien :

> *« ... la réclamation reste recevable s'il ne résulte pas d'un acte d'exécution ou de tout autre moyen de preuve que l'intéressé a eu connaissance de l'amende forfaitaire majorée. »*

Comment, alors, prouver que vous avez reçu le moindre document si vous n'êtes pas allé chercher lettres recommandées à la poste ou commandements d'huissier déposés à la mairie en votre absence ? Votre réclamation est donc parfaitement recevable, même si vous avez déjà reçu une floppée d'avertissements (en lettre simple) datant d'il y a deux, quatre ou six mois...

Vous pouvez alors répondre de la manière suivante :

> Monsieur l'Officier du Ministère Public,
>
> En réponse à votre lettre du... répondant à ma réclamation formulée le... (ci-joints les deux documents en photocopie, pour références), je me permets de vous indiquer que ladite réclamation a bien été formulée dans le délai prévu par l'article 530 du Code de procédure pénale.
>
> En effet, ma lettre a été envoyée moins de dix jours après avoir pris connaissance de ce courrier m'informant des poursuites exercées contre moi.
>
> Ma réclamation reste donc tout à fait recevable, et si vous contestez cet état de droit, il vous appartient d'en faire la preuve contraire. A moins que cet incident ne soit jugé par le tribunal dans le cadre de l'article 530-2 du Code de procédure pénale...
>
> Je vous prie de croire, Monsieur l'Officier du Ministère Public, en ma plus haute considération.

3/ En faisant établir votre carte grise à une autre adresse

Bien sûr, pour cela, il faut s'y prendre à l'avance. Mais sachez que rien n'est jamais trop tard.

Pour éviter lettres d'avertissement, menaces de poursuite et autres avis de saisie, sans oublier l'énergie et la pugnacité dont il faut faire preuve pour se défendre, faites-vous donc établir votre carte grise à une adresse où vous êtes seulement « hébergé », et à laquelle vous ne possédez rien. Il vous suffit de demander à un parent, ou à un ami, un certificat d'hébergement que vous présenterez à la préfecture de Police lors de l'immatriculation de votre véhicule. L'adresse inscrite sur la carte grise ne doit pas correspondre obligatoirement à votre adresse officielle.

C'est le procédé idéal pour couper court à toute poursuite. Tout simplement parce que l'on ne peut saisir un tiers à votre place. Il est donc impossible, pour l'huissier de justice qui vous poursuit, de confisquer des biens ou des valeurs qui ne vous appartiennent pas. Si jamais celui-ci s'aventurait à passer outre, sachez que la procédure de revendication d'objets saisis se fait en s'adressant au tribunal du lieu de la saisie, ou en écrivant une lettre recommandée au receveur général des finances (9, rue Scribe, à Paris) en justifiant la propriété de ces objets saisis.

Il ne restera plus aux autorités compétentes qu'à procéder à une main-levée de saisie. Et à vous de conserver bien précieusement votre certificat d'hébergement, de façon à faire rebrousser chemin au trésorier des amendes…

4/ En déclarant que vous n'êtes pas l'auteur de l'infraction

Jusqu'à présent, Dieu merci, une personne non responsable d'une infraction n'a pas à s'acquitter de l'infraction qui lui est reprochée. Si vous prêtez votre véhicule à quelqu'un qui, lors de son utilisation, a récolté un ou plusieurs papillons verts, il n'y a aucune raison que vous payiez les amendes à sa place. Adressez alors, toujours en vertu de l'article 530 du Code de procédure pénale, une lettre recommandée à l'Officier du Ministère Public au Parquet du Tribunal de Police dont vous dépendez en lui écrivant que vous formez opposition à l'acte de poursuite — ou de saisie — car vous n'êtes pas l'auteur des infractions relevées.

En règle générale, l'opposition faite dans le délai de dix jours a pour effet d'annuler le titre collectif rendu à votre encontre. C'est également valable lorsque l'on procède à une saisie sur votre compte en banque. Dans ce cas, n'hésitez pas à envoyer à votre banquier une copie de l'opposition formulée auprès de l'Officier du Ministère Public, en précisant bien qu'il engagerait sa responsabilité s'il se dessaisissait des fonds au profit du Trésor public, le titre étant annulé. Une petite chose encore : bien souvent, lorsque vous formulez une opposition, le Parquet vous répond que, en vertu de l'art. L 21-1 du Code de la route, vous êtes responsable des amendes délivrées à l'encontre de votre véhicule et que, pour vous dégager de cette responsabilité, il vous faut livrer le nom et l'auteur de l'infraction. Tout d'abord, la délation est déconseillée — et n'a heureusement rien d'obligatoire. Ensuite, l'article 530 du Code de procédure pénale n'indique pas que vous devez motiver votre opposition. C'est d'ailleurs l'un des principes fondamentaux de la loi pénale : vous n'êtes jamais obligé de motiver votre opposition.

Si l'on essaie de vous contrer en invoquant l'article R 49-8 — un article rédigé en dépit du bon sens, puisqu'il vous oblige à motiver votre opposition, donc à dénoncer l'auteur de l'infraction —, menacez carrément de saisir le Conseil d'État pour l'interprétation abusive de la loi. Il y a de grandes chances que le Ministère Public laisse tomber...

5/ En refusant de se voir notifier une saisie automatique sur son compte bancaire

Pour récupérer le montant des amendes impayées, la Trésorerie des Amendes est généralement prête à tout. Les plus récalcitrants — qu'ils se défendent en vertu des textes de loi ou pas — peuvent ainsi se voir notifier une saisie automatique sur leur(s) compte(s) bancaire(s).

Avoir accès aux coordonnées bancaires des contrevenants est un jeu d'enfant pour le receveur des amendes. Il suffit qu'il s'adresse au FICOBA, le fichier des comptes, situé rue d'Uzès, à Paris. Mais à condition de justifier que le contrevenant doive au moins 50 000 F à la Trésorerie, ce qui est assez rare en matière d'amendes. Pourquoi alors les « petits » contrevenants — ceux dont la dette est en tout cas inférieure à 50 000 F — se retrouvent-ils parfois saisis ? Il faut croire que, pour faire rentrer de l'argent dans les caisses, le receveur des amendes n'est pas du genre à se laisser intimider par les règlements.

Cette méthode, aussi dissuasive qu'illégale, doit absolument être contestée. Si cette mésaventure vous arrive, demandez des explications au receveur (exemple de lettre p. 167)

Contestation d'un avis à tiers détenu sur compte bancaire : Exemple de lettre à adresser à la Trésorerie des Amendes dès notification de la saisie.

> Lettre recommandée avec avis de réception
> Objet : saisie sur compte bancaire pour
> amendes impayées
> Réf. : ...
>
> Trésorerie des Amendes
>
> Monsieur le Receveur,
>
> Ma banque vient de m'annoncer que je venais de faire l'objet d'une saisie automatique sur mon compte bancaire.
>
> Étonné par cet avis d'opposition administrative, mon avocat, à qui j'ai immédiatement transmis le dossier, demande que vous me fournissiez, dans les meilleurs délais, les éléments et les moyens par lesquels vous avez eu accès à mon compte bancaire, dont la violation constitue une atteinte aux principes de la loi sur la vie privée.
>
> En attendant vos explications, je vous prie de croire, Monsieur le Receveur, en ma plus haute considération.

Un conseil : Si la Trésorerie des Amendes vous veut du mal et vous relance sans arrêt pour recouvrer vos dettes, arrangez-vous pour ne pas être créditeur sur votre compte bancaire. On ne peut, en effet, jamais saisir ce que vous n'avez pas. Ce conseil vaut d'ailleurs pour toutes autres sortes de poursuites.

Sachez enfin que, si les banques ne font aucune difficulté pour bloquer votre argent et dévoiler l'état de votre compte, la poste, elle, n'est pas toujours disposée à se soumettre à ces demandes du receveur qui alourdissent sa machine administrative. En ouvrant ainsi un compte aux Chèques Postaux, il y a moins de risques d'être ennuyé...

6/ En vérifiant la signature du Trésorier des Amendes

Tous les commandements (ou avis à tiers détenteurs) que la Trésorerie des Amendes vous envoie doivent, pour ne pas être frappés de nullité, porter la signature authentique du Trésorier. S'il y figure celle de son prédécesseur (comme c'est souvent le cas à Paris), ces commandements ne sont pas valables. Il ne reste plus alors qu'à écrire au Procureur de la République pour soulever la nullité de la procédure.

7/ En acceptant la contrainte par corps

Il faut tout d'abord préciser que la contrainte par corps n'a été instaurée que pour « effrayer les mauvais payeurs ». Rassurez-vous : ce n'est pas si méchant que cela. Lorsqu'il était encore Garde des Sceaux, Robert Badinter avait promulgué une loi ayant pour effet de ramener la contrainte par corps à trois mois d'emprisonnement maximum, quelle que soit la dette (en fait, c'est plus exactement trois mois de contrainte). Cet emprisonnement n'a heureusement rien à voir avec un emprisonnement classique. Le « détenu » — celui qui subit une contrainte par corps — a droit à une cellule pour lui seul. Il peut se faire servir ses repas de l'extérieur, disposer de sa propre garde-robe sur place, demander l'installation d'un téléphone pour suivre ses affaires, recevoir autant de visites qu'il le désire au parloir de la prison... Son statut particulier ne l'oblige donc pas à se soumettre aux règles strictes que l'on observe habituellement en détention.

Sachant cela, vous n'avez aucune raison d'être effrayé dans le cas où l'huissier vous menace de contrainte par corps. Si vous ne pouvez — ou voulez — payer, prenez-le au mot : acceptez d'aller en prison. À l'issue de la première journée d'emprisonnement, exigez de rencontrer sur-le-champ le juge des référés. Contre l'engagement de régler le litige, celui-ci vous libérera automatiquement.

Il faut savoir qu'une fois la détention effectuée, même d'un seul jour, et même si la dette n'a pas été réglée dans sa totalité (une petite partie, disons 5 %, sera largement suffisante), la contrainte par corps n'a plus effet.

L'huissier aura beau continuer à vous menacer pour recouvrer la totalité de la dette, vous serez définitivement couvert (et votre casier judiciaire ne s'en retrouvera pas affecté). La contrainte par corps, même si elle est plus intimidante qu'effrayante, est un cas extrême. De toute façon, la possibilité que vous soyez mis en prison suite à votre demande est infime. Les prisons françaises étant surpeuplées, on voit mal un directeur d'établissement accepter ce genre très particulier d'emprisonnement.

COMMENT SE DÉFENDRE EN CAS DE CONDAMNATION

SI VOUS ÊTES APPELÉ À COMPARAÎTRE DEVANT LE TRIBUNAL

Le Trésorier des Amendes, jamais nommé à ce poste par hasard, est un homme insatiable. Pour recouvrer les amendes de stationnement, il est capable d'aller jusqu'au bout, même si celles-ci, on l'a vu, revêtent bien souvent un caractère illégal. Il est donc possible que, une fois épuisées toutes les procédures et surmontée l'épreuve de l'annulation des titres exécutoires, vous receviez une citation à comparaître à une prochaine audience du Tribunal de Police. C'est une situation extrême qui, fort heureusement, est loin de s'adapter à tous les cas. Les tribunaux étant régulièrement débordés, vous avez peu de chance de recevoir ce genre de citation. Mais si jamais cela vous arrive, sachez que, là encore, il existe des moyens de s'en sortir.

Tout d'abord, un conseil : si vous recevez, sous forme de papier bleu, une citation à comparaître devant le tribunal, ne la jetez pas à la poubelle avant de faire le « mort ». Allez plutôt vous présenter au lieu et à la date exigés, accompagné d'un avocat, dans la mesure où vous n'êtes pas doté d'une solide formation juridique.

Si vous ne bénéficiez pas d'une décision de relaxe après

jugement, vous aurez donc à vous acquitter des amendes majorées. La partie n'est pas perdue pour autant. Défendez-vous...

1/ En utilisant les diverses voies de recours

Vous avez dix jours, à partir du prononcé de la décision, pour faire appel. Il suffit, pour cela, de faire une déclaration au greffe de la juridiction. Une condition, toutefois : le montant de la dette doit être supérieur à 1 300 F (somme susceptible d'être modifiée). L'affaire sera donc entièrement jugée à nouveau par la Cour d'appel.

2/ En demandant l'étalement de votre dette

Si, usé par les procédures, vous vous décidez à régler votre dette auprès du Trésor public, sachez qu'il existe une possibilité de règlement échelonné. Les délais sont variables selon les trésoreries. En général, on vous accorde six mois. A condition, bien sûr, d'avoir reconnu sa dette et livré ses coordonnées bancaires...

3/ En attendant l'amnistie

Si toutes les voies de recours ont échoué, vous pouvez toujours bénéficier d'une loi d'amnistie. Celle-ci est généralement décrétée à l'issue de l'élection présidentielle. Tous les automobilistes qui collectionnaient les contraventions antérieures à mai 1988 avaient ainsi échappé à l'ardoise, aussi salée fût-elle. La prochaine amnistie devrait donc, sauf événement imprévu, être proclamée en mai 1995.

Cette fameuse loi d'amnistie, beaucoup la connaissent et, surtout, l'attendent. 1995, malheureusement, c'est encore loin ! Ne baissez pas les bras pour autant ! La lenteur habituelle des procédures judiciaires peut, en effet, vous faire gagner du temps : six mois devant le tribunal, au moins autant avec la Cour d'appel, une bonne année si vous parvenez à faire inscrire un pourvoi en cassation et… le temps de payer. En mettant bout à bout ces délais, vous vous rapprocherez tout près de la prochaine amnistie.

LES EXCÈS DE VITESSE

Vous connaissez tous le risque : en roulant au-delà de la vitesse autorisée — dans une rue, sur une route, un périphérique, une autoroute, un pont... —, vous vous exposez à un retrait de permis de conduire. Chaque année, les pouvoirs publics en retirent environ 350 000, sur le million de procès-verbaux dressés pour excès de vitesse. Beaucoup d'entre vous en ont fait l'amère expérience, parfois même à plusieurs reprises. La conduite d'une voiture est, de toute évidence, un acte responsable. Il est donc normal que les automobilistes les plus imprudents — ceux qui représentent un véritable danger — soient sévèrement punis. Ce qui l'est moins, en revanche, c'est la façon très approximative dont sont dressés la plupart de ces procès-verbaux.

D'abord parce que les radars actuellement en service (Multanova, Mesta, ou Cerva) ne sont pas encore d'une fiabilité à toute épreuve. Notamment à cause de leur incapacité à localiser de façon précise le délit éventuel, ce qui peut paraître un comble pour ce genre d'appareils totalement informatisés.

Ensuite, parce que l'absence de toute intervention humaine lors des contrôles radars est loin de faire l'unanimité auprès des tribunaux.

Enfin, parce que la majorité des contrôles s'exerce de

manière préférentielle, dans des lieux où un léger excès de vitesse n'est pas forcément un facteur d'insécurité. Circuler, par exemple, à 50 km/h dans la rue étroite d'une ville, ce qui est autorisé, est en effet plus dangereux — dans la mesure où un piéton ou une voiture peuvent surgir brusquement — que de rouler à 150 km/h, — ce qui est interdit — sur une autoroute totalement dégagée.

Seulement voilà, comme on ne peut pas mettre des radars partout, on choisit généralement des endroits où il est plus facile de piéger les contrevenants, donc de « faire du chiffre ». Une politique de répression contestable qui, de plus, n'a pas, du moins pour l'instant, enregistré de résultats probants en matière de sécurité renforcée.

Une fois de plus, heureusement, la loi vient à votre secours pour limiter les dégâts en cas de retrait de permis pour « excès de vitesse ».

COMMENT ÉCHAPPER AU RETRAIT DE PERMIS

Avant toute chose, il est utile, voire indispensable, de savoir comment procèdent les pouvoirs publics en la circonstance. Submergés par les procès-verbaux dressés pour excès de vitesse, les tribunaux n'ont matériellement pas le temps de tous les traiter. Une procédure d'ordonnance pénale a donc été mise en place afin d'expédier les dossiers au plus vite. Celle-ci permet à un commissaire — représentant le ministère public au nom de la société et de l'ordre — de proposer des peines qui seront ensuite, dans l'immense majorité des cas — nos statistiques nous permettent d'avancer le chiffre de 99,9 % —, acceptées par le juge.

Cette procédure, qui ne respecte absolument pas la séparation des pouvoirs, se déroule presque toujours en l'absence des automobilistes poursuivis. Comment peuvent-ils alors présenter leur défense ? Que devient le débat contradictoire qui est l'essence même de la justice ? Les automobilistes recevront ensuite leur condamnation par courrier. Ce n'est qu'à ce moment-là qu'ils pourront faire appel.

En agissant ainsi, c'est-à-dire de façon brutale, arbitraire et contraire aux fondements du droit français, les tribunaux sont, en outre, en contradiction profonde avec la

politique pénale qui veut que « la peine soit adaptée à la personnalité du poursuivi ».
Il existe heureusement des moyens de les prendre à leur propre piège.

1/ En invoquant l'illégalité des types de contrôle-radar

Pour constater légalement une infraction au code de la route, le contrôle-radar doit remplir certaines conditions. Si l'une seule d'entre elles n'est pas respectée, vous avez toutes les chances d'être relaxé.

Le contrôle au « jugé » : A l'ère de l'électronique et du microprocesseur, les services de gendarmerie continuent d'utiliser un vieux mode de contrôle — tellement arbitraire et imprécis que cela en devient presque comique — pour intercepter les automobilistes qui rouleraient au-delà de la vitesse autorisée. Celui-ci consiste, pour les gendarmes, à suivre, à bord de leur CX (ou Alpine, pour les privilégiés), un véhicule dont ils estiment la vitesse excessive, puis à le rattraper et enfin à l'arrêter. Le procès-verbal est alors dressé d'après les seules indications fournies par le compteur du véhicule de gendarmerie. Bien évidemment, ce mode de contrôle à la limite de l'absurde est beaucoup trop approximatif pour être homologué en tant qu'instrument de mesure. Il est donc illégal. De plus, un décret du 30 janvier 1974 prescrit d'utiliser le cynémomètre-radar (avec flash), à l'exclusion de tout autre moyen. Vous comprendrez alors pourquoi les tribunaux ne sanctionnent qu'à titre exceptionnel une infraction relevée dans les conditions décrites ci-dessus.

Le radar de type Mesta : C'est le radar le plus couramment utilisé en France. Il en existe deux modèles, fabriqués par la SFMI (Société française d'Instruments de Mesure, à Massy, Essonne) : le vieux Mesta 206, surnommé « barbecue » à cause de sa forme arrondie et de son trépied, et le récent Mesta 208, plus discret et plus efficace. Mais les performances de ces machines ont heureusement des failles que l'on peut invoquer dans certains cas.

La notice d'utilisation du Mesta indique, en effet, que le contrôle doit obligatoirement avoir lieu sur une ligne droite, sous peine d'erreurs. La pluie fausse également les mesures. Si vous avez été « flashé » au radar par temps de pluie, présentez-vous alors devant le tribunal muni d'un certificat de la météorologie nationale faisant état de « fortes précipitations » au jour et à l'heure du contrôle. L'appareil radar ne doit pas, non plus, être situé à proximité de masses métalliques (glissières de sécurité, par exemple). Le fonctionnement du radar peut enfin être perturbé par des émissions radioélectriques proches, en particulier par celles du poste émetteur-récepteur situé dans le véhicule de gendarmerie. Il n'est pas rare, à ce sujet, qu'un radio-téléphone ou un émetteur CB (installé à bord du véhicule appréhendé) puisse brouiller les mesures de contrôle.

N'oubliez jamais que, pour être utilisé légalement, tout appareil radar doit être vérifié chaque année par le Service des Instruments de Mesure. La date du dernier contrôle doit d'ailleurs être obligatoirement notée sur le procès-verbal. Si le délai est dépassé, les indications fournies par le radar deviennent, au vu de la loi, beaucoup plus aléatoires. Les tribunaux ne peuvent normalement pas les prendre en considération.

Dernière chose : comment effectuer un contrôle avec précision si plusieurs véhicules pénètrent ensemble — et au même moment — dans le faisceau du radar ?

Le radar de type Multanova : Réputé imparable, l'appareil Multanova, dont la première mise en service remonte au mois de mars 1991, est un radar mobile, embarqué à bord de voitures banalisées, qui permet de prendre 450 photos de face du conducteur soupçonné d'excès de vitesse. Il faut tout d'abord savoir que, malgré ce nombre abracadabrant de clichés, le conducteur n'est pas forcément identifiable avec précision. En outre rien ne dit, sur le document qui l'incrimine, sur quelle portion de route est prise la photo. A moins d'intercepter les véhicules à chaque contrôle, ce qui n'est matériellement pas possible, les services de gendarmerie devront situer la preuve de l'infraction relevée, sans omettre de la faire constater et confirmer par la déposition d'un agent assermenté.

A Bruxelles (Belgique), le ministre de la Justice vient d'interdire l'utilisation du Multanova en l'absence d'un gendarme constatant l'éventuelle infraction. Pour un radar dont le coût est estimé à un million de francs, c'est carrément la douche froide !

2/ En mettant la carte grise de votre véhicule au nom de quelqu'un d'autre

La carte grise n'est pas le titre de propriété du véhicule, mais son certificat d'immatriculation. Il vous est donc tout à fait possible de faire inscrire votre véhicule au nom de quelqu'un d'autre. Un parent (ou un ami) sans permis de conduire fera parfaitement l'affaire, et pourra nier, avec une évidente logique, avoir été au volant du véhicule en infraction. De plus, celui-ci n'a aucune obligation légale de dénoncer l'auteur d'une contravention (contrairement aux crimes). Dans ce cas, c'est aux services de gendarmerie et au Ministère Public de faire la preuve de l'identité du conducteur, et non pas au titulaire de la carte grise de prouver qu'il n'était pas le conducteur au moment de l'infraction.

3/ En achetant votre voiture en multipropriété

Il vous est tout à fait possible d'acheter votre voiture en multipropriété et de la faire ainsi inscrire sous plusieurs noms. Le Ministère Public aura alors bien du mal à retrouver le véritable auteur de l'infraction.

4/ En faisant des appels de phare

Tous les automobilistes connaissent la parade : il s'agit de faire un appel de phares aux véhicules qui viennent d'en face, pour les prévenir de la proximité d'un contrôle-radar. C'est parfaitement légal, à condition d'utiliser les feux de croisement, non éblouissants.

5/ En conduisant avec le pare-soleil baissé

Pour les conducteurs pressés, mais prudents, il peut être très utile, sur les lignes droites « à risque », de rabattre le pare-soleil. En créant une zone d'ombre sur le visage du conducteur, cette petite astuce rendra difficile l'identification par la photo-témoin prise par le radar.

6/ En s'équipant d'un émetteur-récepteur CB

Il fut un temps où les « CB » étaient à la mode. Aujourd'hui dépassés par les radio-téléphones de voiture, ils ne sont plus guère utilisés que par les chauffeurs de poids lourds et quelques nostalgiques. On peut toutefois leur trouver de nombreux avantages. Si vous décidez de vous équiper de ce genre d'émetteur-récepteur à titre préventif, branchez-vous sur le canal 19, fréquence habituellement utilisée par les routiers. En restant à l'écoute, vous aurez de grandes chances d'être averti à temps de la présence d'une « boîte à images » (radar) et des « QRM bleus » (gendarmes).

7/ En conduisant une moto

Les appareils de contrôle-radar ont beau être technologiquement très sophistiqués, leur efficacité est parfois loin d'être à toute épreuve pour certains types de véhicules. Il est, par exemple, très difficile d'appréhender les motocyclistes en cas d'excès de vitesse. D'abord, parce que les motos sont dépourvues de plaque d'immatriculation à l'avant. Ensuite, parce que le casque intégral empêche toute identification du conducteur. Le Ministère Public éprouvera donc quelques difficultés à faire la preuve de l'infraction. Il est d'ailleurs intéressant de noter le très faible nombre de procès-verbaux pour excès de vitesse dressés à l'encontre des motocyclistes (comparé à celui des automobilistes, bien sûr).

A NE PAS FAIRE

Il existe bien entendu des moyens illégaux de jouer à cache-cache avec les contrôles-radar. Le plus connu est le détecteur de radar. Il en existe de toutes sortes, et à tous les prix (jusqu'à 8 000 F). Mais leur efficacité, même pour les plus performants (Bel et autres Spectrum), n'est pas toujours démontrée, notamment face au Mesta 208, dont la particularité est de n'émettre une onde détectable qu'au moment où le véhicule entre dans son champ magnétique (il est donc trop tard pour freiner). Les automobilistes qui s'offrent un détecteur de radar doivent aussi se méfier. Car l'utilisation, et même la simple détention, d'un « *appareil, dispositif ou produit destiné à déceler la présence ou à perturber le fonctionnement d'instruments servant à la constation des infractions à la réglementation de la circulation routière* » constitue une infraction pénale, en vertu de l'article R. 242-4 du code de la route. Passible d'une amende de 3000 à 6000 F, cette infraction entraînera inévitablement la confiscation du détecteur et, selon les cas, du véhicule. En outre, le texte de loi prévoit la possibilité d'emprisonnement du coupable. Même si cette dernière peine, heureusement plus théorique que pratique, constitue un cas extrême, on remarque que les Pouvoirs Publics sont prêts à tout pour intimider — voire effrayer — les possesseurs de détecteurs radar, qui sont avant tout d'insatiables curieux.

Certains automobilistes peu scrupuleux préfèrent, eux, utiliser un procédé beaucoup moins coûteux et risqué : l'application d'un vernis sur leurs plaques d'immatriculation. Lisibles à l'œil nu, les plaques deviennent ainsi totalement réfléchissantes. Pour les photos prises par flash, c'est le ratage assuré !

D'autres, plus inventifs, installent, au niveau de la plaque d'immatriculation avant, un tube-éclair de flash. Son fonctionnement est commandé par une cellule photoélectrique sensible à l'éclair du flash radar. Une fois encore, la photo prise par le radar sera complètement voilée. Mais attention : ceux qui se font « pincer » pour avoir installé un tel dispositif encourent les peines prévues aux termes de l'article R. 242-4 du code de la route.

8/ En ne vous présentant pas devant la commission préfectorale

Prévue par l'article L. 18 du code de la route, cette procédure permet au contrevenant de venir s'expliquer devant une commission préfectorale sur l'infraction qui lui est reprochée pour présenter sa défense, avant que ne soit prise une mesure de suspension administrative (arrêté type 51). Il recevra, pour cela, une convocation. Mais celle-ci n'est que très rarement adressée sous forme de lettre recommandée. Comment, alors, prouver qu'on l'a bien reçue ? La mesure de suspension prise en votre absence ne vous est donc pas opposable et, pour gagner du temps, vous êtes tout à fait en droit de demander une nouvelle convocation.

De toute façon, il n'est pas recommandé de se présenter devant une telle commission. Composée de représentants d'associations d'usagers de la route, de gradés de la gendarmerie, d'un ingénieur de la DDE et autres examinateurs du permis de conduire (des membres qui ne se sont pas choisis selon leurs compétences juridiques), cette commission — que certains associent à tort à une juridiction — représentent à la fois juges et parties, ce qui est parfaitement contraire aux principes généraux du droit. Quand on sait que la décision du préfet est prise sur l'avis de cette commission, il y a de quoi se poser des questions quant au bien-fondé de ses arrêtés.

Voilà de bonnes raisons pour ne pas vous présenter devant cette soi-disant commission préfectorale...

9/ En ne tenant pas compte de la convocation à la gendarmerie

Si vous faites l'objet d'une suspension administrative de permis de conduire, un arrêté, signé par l'autorité préfectorale, sera tout d'abord adressé aux forces compétentes de l'ordre (brigade de gendarmerie ou commissariat de police) du lieu de votre résidence, pour notification de la décision. Conformément à l'article L. 19 du code de la route, et en application de la loi de 1979 sur la communication des actes administratifs, cette notification, préalable à la demande de restitution de votre permis, doit obligatoirement vous être remise. Pour ce faire, vous recevrez alors une convocation (non recommandée) vous invitant à vous rendre au commissariat de police (ou à la brigade de gendarmerie).

Il faut savoir — c'est très utile — que cette convocation ne comporte légalement aucun caractère impératif, puisqu'il ne s'agit pas d'une décision judiciaire. Vous n'êtes donc pas tenus d'y déférer.

Après deux ou trois convocations restées sans réponse de votre part, le service renverra l'arrêté de suspension à la Préfecture avec la mention suivante : « *Objet non rempli, l'intéressé n'ayant pas répondu aux convocations* ». L'arrêté ne pouvant être légalement notifié, il sera automatiquement classé sans suite.

10/ En refusant de remettre votre permis aux forces de police

Si les forces de police ou de gendarmerie chargées d'exécuter la décision administrative exigent la remise de votre permis de conduire avant même de vous avoir remis la copie de l'arrêté préfectoral, n'hésitez surtout pas à refuser, en vertu de l'article L. 19 du code de la route. Vous pourrez ensuite plaider votre relaxe en correctionnelle sans trop de risque.

11/ En faisant échec à la procédure d'urgence

Dans les cas d'urgence (notion curieusement non précisée par le code de la route), le Préfet peut prononcer immédiatement la suspension d'un permis de conduire pour une durée maximum de deux mois (jusqu'à six mois si le conducteur était en état d'ébriété au moment de l'infraction).

Cette mesure administrative ne constitue pas une sanction au sens juridique du terme, mais une « *mesure de sûreté* » destinée à sanctionner immédiatement un conducteur jugé potentiellement dangereux. Le problème, c'est que cette procédure dite « d'urgence » ne s'applique jamais — ou presque — sur-le-champ. Il peut s'écouler des jours, des semaines, voire même des mois, avant que la décision préfectorale, prise sur l'avis d'une commission, soit notifiée à l'intéressé.

Or, d'après un arrêt du 11 octobre 1990 rendu par la Cour de cassation, « *l'urgence ne s'apprécie pas en heures, mais selon un délai inférieur ou égal à 5 jours* ». Toute personne se voyant notifier un tel arrêté daté de plus de 5 jours après l'infraction, ce qui est souvent le cas, est donc fondée à refuser la restitution de son permis au motif que le Préfet — qui n'a pas respecté les délais légaux — commet un abus de pouvoir.

En outre, la Cour de cassation estime que « *les arrêtés de suspension de permis de conduire doivent être motivés en droit et en fait, et mentionner les vitesses constatées et autorisées* ». Le Préfet ne peut donc appliquer la procédure d'urgence à un automobiliste qui ne dépassait pas les 130 km/h pour les 90 km/h autorisés sur une voie dégagée.

12/ En se présentant spontanément devant le Tribunal de Police

Après l'intervention de l'autorité administrative, il y a celle de l'autorité judiciaire qui a le choix entre deux procédures : la procédure normale et la procédure d'ordonnance pénale (« dite simplifiée »).

La procédure d'ordonnance pénale est malheureusement la plus courante. Elle concerne surtout les contraventions pas bien méchantes (110 km/h pour 90 km/h autorisés), c'est-à-dire les plus nombreuses, que les tribunaux n'ont matériellement pas le temps de traiter. La condamnation, exclusivement pécuniaire, est donc décidée en l'absence de l'intéressé, ce qui peut paraître inacceptable dans un État de droit. Sans pouvoir assurer sa défense, le condamné recevra ensuite, par lettre recommandée, la notification d'une « ordonnance pénale » pour la mise en recouvrement de l'amende (généralement comprise entre 600 et 2 500 F). Il lui sera alors possible, dans le délai d'un mois, de faire opposition, ce qui aura pour effet d'entraîner le renvoi de l'affaire à une prochaine audience du Tribunal de Police où, cette fois, il pourra venir s'expliquer. Mais ses chances de relaxe seront minimes... Pour les cas d'infraction considérés comme plus graves, le Parquet utilise généralement la procédure normale. Celle-ci implique que le contrevenant sera convoqué, par acte d'huissier, devant le Tribunal de Police. Si cette mésaventure vous arrive, un conseil : prenez les devants ! C'est prévu par l'article 531 du Code de procédure pénale, aux termes duquel : « *Le Tribunal de Police est saisi des infractions de sa compétence par la comparution volontaire des parties, soit par la citation délivrée directement au prévenu.* » En invoquant cet article, vous pouvez donc vous présenter spontanément devant le Tribunal. Cela peut vous permettre d'annuler plus vite la suspension administrative de votre permis de conduire, puisque les décisions judiciaires, d'habitude plus clémentes et impartiales, s'imposent toujours à l'administration.

Renseignez-vous auprès du greffe du Tribunal de Police compétent — c'est, en général, celui qui est situé le plus près géographiquement du lieu de l'infraction — pour savoir si, en vertu de la loi (toujours l'article 531 du Code de procédure pénale), le Tribunal accepte les comparutions volontaires, et pour connaître les prochaines dates d'audience en matière de « code de la route ». Dans le cas où les comparutions volontaires sont acceptées — elles doivent l'être, normalement —, écrivez au Tribunal de Police (voir exemple de lettres p. 187) en lui indiquant que vous souhaitez vous présenter pour être jugé dans un délai de dix jours (c'est le délai légalement accordé au prévenu lorsqu'il est convoqué par citation).

Non seulement la comparution volontaire témoigne de la bonne foi et du sens civique du contrevenant, mais, en plus, elle permet à ce même contrevenant de trouver auprès de l'autorité judiciaire un refuge contre l'autorité administrative qui, elle, ne fournit pas les mêmes garanties d'équité.

• *Comparution volontaire :* Exemple de lettre à adresser au Président du Tribunal de Police dans le ressort duquel l'infraction a été commise. Y joindre un double du courrier expédié parallèlement à l'Officier du Ministère Public.

Lettre recommandée avec avis de réception
Objet : comparution volontaire
Affaire n°...

M. le Président du
Tribunal de Police

Monsieur le Président,

J'ai l'honneur de vous préciser que j'ai fait l'objet d'un procès-verbal pour dépassement de vitesse (... km/h constatés pour ... km/h autorisés), le ... à ... heures, dans les conditions suivantes : ...

Le Greffe de votre Tribunal m'a appris que la date de la prochaine audience que vous présiderez sera le ..., à ... heures.

Conformément à l'article 531 du Code de procédure pénale et en application de la Convention Européenne des Droits de l'Homme, je me permets de vous annoncer que je me présenterai pour être jugé(e) à cette audience sur les faits énoncés ci-dessus.

Une copie de la présente lettre sera adressée à Monsieur l'Officier du Ministère Public près votre Tribunal.

Veuillez croire, Monsieur le Président, en l'expression de ma plus haute considération.

• *Comparution volontaire :* Exemple de lettre à adresser au Parquet du Tribunal de Police dans le ressort duquel l'infraction a été commise. Y joindre un double du courrier expédié parallèlement au Président du Tribunal de Police.

Lettre recommandée avec avis de réception
Objet : comparution volontaire
Affaire n°...

M. l'Officier du Ministère
Public
Tribunal de Police

Monsieur l'Officier du Ministère Public,

Je vous prie de trouver, en annexe, une copie du courrier adressée à Monsieur le Président du Tribunal.

La date de la prochaine audience étant le ..., à ... heures, je vous annonce que je m'y présenterai conformément à l'article 531 du Code de procédure pénale et en application de l'article 6 de la Convention Européenne de Sauvegarde des Droits de l'Homme.

Veuillez croire, Monsieur l'Officier du Ministère Public, en l'expression de ma plus haute considération.

13/ En préparant le mieux possible sa défense

Si, dans le cadre de la procédure normale ou dans celui de la comparution volontaire, vous êtes appelé à passer devant le Tribunal, n'y allez surtout pas en touriste. A défaut de solides connaissances juridiques, faites appel à un avocat. Avant de préparer votre défense, celui-ci aura demandé une copie des pièces figurant au dossier du Tribunal (procès-verbal d'infraction, rapport de la gendarmerie ou des services habilités, procès-verbal d'audition...). Il s'agira, ensuite, de bien vérifier si l'une de ces pièces n'est pas entâchée de la moindre petite irrégularité. Reportez-vous pour cela aux pages précédentes.

Ce n'est qu'au vu des éléments de votre dossier que le Tribunal devra rendre son jugement. Un défaut de procédure — il y en a plus qu'on ne le croit — pourra vous permettre de solliciter une relaxe pure et simple. Dans le cas contraire, n'hésitez jamais à solliciter l'indulgence, surtout si différents témoignages certifient que vous êtes un conducteur prudent et discipliné.

14/ En bénéficiant de la clémence du tribunal

Tous les tribunaux ne sont, fort heureusement pas, des monstres de sévérité. Dans certains cas, le juge peut se montrer clément envers le prévenu et prononcer, en grand seigneur, la peine de suspension de permis avec « sursis ». La condamnation ne sera pas alors mise à exécution sauf si, bien sûr, il y a récidive dans les cinq ans et si une loi d'amnistie, décrétée entre-temps, n'a pas définitivement classé l'affaire.

Autre chose encore : lorsqu'il apparaît que l'infraction est établie, mais que « *le reclassement du prévenu est acquis* » (article 469-2 du Code de procédure pénale), le Tribunal peut prononcer une condamnation non assortie de peine.

15/ En demandant un permis blanc

De couleur blanche, comme son nom l'indique, ce permis, qui donne droit à un aménagement de la suspension, peut être accordé sous certaines conditions en échange de l'autre (le rose). Prenons le cas (fréquent) d'un automobiliste, dont l'excès de vitesse a entraîné une suspension d'un mois, qui a absolument besoin de son véhicule pour exercer ses activités professionnelles (VRP, chauffeur routier ou autres). Aux termes de l'article L. 12s du code de la route, il pourra bénéficier d'une mesure d'aménagement de sa suspension et être ainsi autorisé à se servir de son véhicule durant la semaine (du lundi ou vendredi), dans le cadre de son travail — bien évidemment, le permis blanc lui interdit, sauf exceptions liées à l'activité professionnelle, la conduite durant les week-ends, jours fériés et vacances. Cet aménagement peut, en outre, concerner un ou plusieurs trajets déterminés si le condamné doit les emprunter quotidiennement pour son travail, à défaut de transports en commun pratiques. D'autres cas particuliers — la liste n'est heureusement pas exhaustive — donnent également le droit d'y prétendre.

Le permis blanc est normalement accordé par le Tribunal (jamais par la commission préfectorale). Encore faut-il le lui demander — il est rare, en effet, qu'il le propose lui-même — avec, à l'appui, des documents et des attestations (celle de l'employeur notamment) prouvant l'usage obligatoire du véhicule dans le cadre de l'exercice professionnel.

Mais le Tribunal n'est pas la seule autorité à pouvoir délivrer ce très utile permis blanc. S'il refuse, ou si le condamné oublie de le demander, il reste encore un moyen de l'obtenir. Pour cela, le condamné doit faire une « requête en aménagement » aux services du Parquet (exemple de lettre p. 192). Le Ministère Public, chargé de l'exécution des condamnations, est donc tout à fait en droit d'apporter à cette exécution les correctifs — ou aménagements — nécessaires. Le condamné devra alors joindre à sa requête tous les éléments (documents et attestations) de nature à emporter sa conviction. La décision lui sera ensuite adressée par courrier.

Bon à savoir

Dans un arrêt daté du 12 mars 1991, la Cour de cassation a estimé que la simple suspension du permis de conduire pouvait constituer une cause admissible de licenciement, cela quelle que soit la durée de ladite suspension. Les automobilistes qui se servent régulièrement de leur véhicule dans l'exercice de leur travail doivent invoquer, devant les tribunaux, les risques qu'ils encourent en cas de retrait de permis. L'autorité judiciaire, toujours plus clémente et impartiale que l'autorité préfectorale, peut punir un prévenu sans pour autant nuire à ses activités professionnelles — cela ne serait d'ailleurs pas très bien vu en ces temps de chômage — en lui accordant une mesure d'aménagement (le fameux « permis blanc »).

• *Demande d'aménagement d'une suspension de permis :* Exemple de lettre à adresser au Parquet du Tribunal de Police qui a jugé l'infraction.

Lettre recommandée avec avis de réception
Objet : demande d'aménagement d'une suspension de permis
Affaire n°

Monsieur l'Officier du
Ministère Public
Tribunal de Police

Monsieur l'Officier du Ministère Public,

Par jugement rendu le..., le Tribunal de Police de... m'a condamné à une peine de suspension de permis de conduire de... jours (ou mois) sans le moindre aménagement.

Obligé de me servir régulièrement de mon véhicule pour exercer mes activités professionnelles (...), cette mesure risque de me porter un énorme préjudice (préciser).

C'est pour cela que, en application des articles 707 et suivants du Code de procédure pénale, je souhaite que le Parquet puisse m'accorder un aménagement de la suspension dans les conditions suivantes :

...

En espérant qu'il vous sera possible de faire droit à ma requête, je vous prie de croire, Monsieur l'Officier du Ministère Public, en ma plus haute considération.

16/ En utilisant les différentes voies de recours

Après la suspension administrative, il est possible d'exercer des recours contre l'arrêté préfectoral. Le recours gracieux doit être adressé directement au signataire de l'arrêté, le recours contentieux déposé devant le Tribunal administratif. Intenter l'un ou l'autre dépend du délai — souvent très long entre le début de la suspension du permis et le jugement rendu — de l'instruction administrative. C'est pour cela que, dans le cas d'une procédure d'urgence, il faut agir très vite en vérifiant si, dès la prononciation de la suspension, toutes les conditions légales ont bien été réunies. A ce titre, vous serez sans doute ravis d'apprendre que, par une série d'arrêts rendus le 11 octobre 1990, la Cour de cassation a émis de nombreuses réserves sur la validité de tels arrêtés. Un recours peut, en outre, se révéler particulièrement efficace si l'on constate une absence de motivation (ou une motivation incomplète). L'article 3 de la loi du 11 juillet 1979 sur la motivation des documents administratifs exige, en effet, une motivation écrite comportant « *l'énoncé des considérations de fait et de droit qui constituent le fondement de la décision* ». Or, et c'est souvent le cas, le texte de l'arrêté ne mentionne pas grand-chose concernant le lieu précis de l'infraction et la nature exacte de cette même infraction. Parfois, la seule motivation apparente de l'arrêté n'est constituée que d'un simple avis (« *Vu l'avis de la commission...* »), alors que « *la motivation par référence à un avis est exclue* » (circulaire du 31 août 1979). Enfin, les formulaires administratifs, pour être légaux, doivent indiquer non seulement la référence au texte sur lequel ils se basent, mais aussi le texte de ces dispositions.

Après la suspension judiciaire, deux voies de recours

peuvent être exercées contre la décision du Tribunal : l'appel et le pourvoi en cassation. Ceux qui auraient été jugés en leur absence (par une procédure d'ordonnance pénale) peuvent faire opposition au jugement dans les dix jours de sa notification. L'affaire reviendra devant le même tribunal mais, cette fois, en présence de l'intéressé.

Bon à savoir

Dans certains départements, un préfet (ou un sous-préfet) peut vous enlever votre permis de conduire sur-le-champ. Deux parades vous sont offertes : vous refusez, à condition d'avoir de bonnes raisons (non fondé, un refus de restitution est, aux termes de l'article L. 19 du Code de la route, considéré comme un délit pouvant entraîner une amende de 2 000 à 3 000 F et une peine de deux mois à deux ans de prison) ; vous dites ne pas avoir votre permis sur vous, ce qui obligera la gendarmerie à ne vous dresser qu'une contravention et vous permettra de ne pas rester en rade au bord de la route. Mais c'est un mensonge.

A NE PAS FAIRE

Certains condamnés, bénéficiaires d'une mesure d'aménagement (accordée par le « permis blanc »), prennent parfois le risque de conduire en dehors des périodes ou des trajets autorisés. En cas de contrôle, c'est la correctionnelle assurée.

D'autres, beaucoup plus vicieux, préfèrent préparer leur coup à l'avance. Leur truc, c'est de déclarer la perte de leur permis de conduire de façon à se faire délivrer un duplicata. Dans le cas où ils seraient ensuite suspendus, ils auraient toujours un permis valide à présenter lors d'un éventuel contrôle. A moins d'un accident ou d'une infraction grave, les forces de l'ordre ne consulteront pas le fichier central des permis de conduire — ce qui est généralement assez long — pour vérifier si celui que vous présentez est sous le coup d'une suspension ou non.

Il y a enfin ceux qui, après avoir usé de toutes les voies légales sans succès, décident quand même d'utiliser leur véhicule sans permis. Cette infraction peut leur coûter très cher. Tout d'abord, ils s'exposent à une grosse amende (jusqu'à 30 000 F) et à une peine d'emprisonnement (jusqu'à deux ans). Ensuite, ils ne seraient pas couverts par leur assurance en cas de sinistre. Quand on connaît le montant des indemnités accordées aux victimes — un montant qui peut se chiffrer à plusieurs millions de francs, selon la gravité de l'accident — il vaut mieux attendre la fin de la suspension pour reprendre le volant.

17/ En souscrivant une assurance spéciale

En retirant près de 350 000 permis de conduire chaque année, les pouvoirs publics ont inconsciemment donné des idées aux compagnies d'assurance. A la question « *comment couvrir les automobilistes suspendus ?* », celles-ci ont trouvé une réponse toute simple : mettre à leur disposition un chauffeur durant la période de suspension.

C'est une compagnie espagnole (« *Orbita Seguros* »)

qui, la première, a lancé l'idée. Des polices étaient même commercialisées en France par l'intermédiaire d'un correspondant. Le ministère des Finances, l'autorité de tutelle des assurances, les a jugées illégales. Mais le principe avait fait son chemin et, rapidement, des compagnies françaises ont trouvé une parade pour légaliser ce type de contrats. Tout automobiliste français a donc, aujourd'hui, la possibilité de s'assurer contre les retraits de permis en souscrivant une assurance spéciale, en sus de son assurance obligatoire.

Selon le montant de la prime annuelle (environ 1 000 F, sans compter une éventuelle franchise), on peut ainsi bénéficier d'une voiture avec chauffeur pour tous ses déplacements professionnels (pour les déplacements privés, il y a matière à arrangement) et même, dans certains cas, d'une indemnité. Il faut toutefois préciser que la garantie ne joue pas si l'infraction est consécutive à une conduite en état d'ivresse, à un délit de fuite ou à un refus d'obtempérer. Malgré cela, les compagnies estiment que, pour ce type d'assurance, le marché potentiel est de l'ordre de 3 millions de personnes, principalement parmi les représentants, les professions libérales et les cadres supérieurs.

D'après les pouvoirs publics, cette assurance anti-retrait de permis a des effets pervers : elle encouragerait l'indiscipline et les excès de vitesse. Quant à notre secrétaire d'État aux Transports, en charge de la Sécurité routière, il estime qu'elle favorise les riches. Monsieur Sarre (Georges de son prénom) oublie-t-il de rappeler que, en cas de suspension, le préjudice subi vaut parfois largement le millier de francs souscrit, que l'on soit riche ou moins riche ? Mais il est vrai que Monsieur Sarre — qui, il n'y a pas si longtemps, s'est fait lui-même piéger par un radar — n'est pas vraiment confronté au problème : en tant que membre du gouvernement, il bénéficie d'une voiture avec chauffeur toute l'année. Tout comme Michel Charasse, dont le numéro « burlesque » est resté célèbre : notre ministre du Budget était allé rendre son permis de conduire au commissariat sous les flashes des photographes avant de regagner, en catimini, sa limousine parquée vingt mètres plus loin...

LA VIGNETTE AUTOMOBILE

Hormis quelques rares exceptions, aucun automobiliste ne peut échapper à la vignette. Il faut dire que pour l'État, c'est une affaire en or. En 1990, elle lui a rapporté plus de 14,6 milliards de francs, ce qui est énorme comparé à son budget annuel (environ 1300 milliards de francs). Pas question donc, pour l'État, de se priver de cette inestimable manne financière...

La vignette est ainsi « l'impôt automobile » le plus fructueux après les taxes sur les carburants (qui ont rapporté 128 milliards de francs en 1990) et les péages d'autoroute (18 milliards).

Pour la seule année 1990, chaque automobiliste a dépensé en moyenne 438 francs dans l'achat d'une ou plusieurs vignettes. Une somme qui a représenté environ 1,3 % de son budget annuel.

Malgré la vigilance de l'État, et particulièrement celle des départements, puisque ce sont eux qui la récupèrent dans leurs caisses, il existe heureusement quelques combines qui permettent de payer la vignette moins cher.

COMMENT PAYER MOINS CHER SA VIGNETTE

1/ En choisissant le département d'immatriculation de votre véhicule

Le taux de la vignette ne dépend pas seulement du nombre de CV fiscaux ou de l'âge du véhicule. Il varie aussi selon les départements d'immatriculation, chaque Conseil général fixant lui-même son propre taux à l'issue d'un vote.

Pour une même voiture, il peut y avoir jusqu'à... 100 % de différence. Ainsi, le propriétaire d'une Renault 5, dite « Five » (d'une puissance fiscale de 4 CV), âgée de moins de cinq ans, aura payé pour 1992 sa vignette 132 F en Corse et 266 F dans l'Aude. La décentralisation, on le voit, n'est pas exempte d'inégalités.

Tout le monde ne peut malheureusement pas choisir son département d'immatriculation (celui qui correspond à l'adresse de votre résidence principale). Mais les plus malins peuvent toujours essayer de se faire établir une carte grise à une adresse située dans un département « généreux ». Il leur suffit de se munir d'un certificat d'hébergement correspondant — ce certificat peut très bien être signé par l'un de leurs proches vivant dans ledit département.

Seul petit problème : la vignette s'achète obligatoirement dans le département où le véhicule est immatriculé. Il faut donc y aller au moins une fois par an, durant le mois de décembre de préférence.

BON À SAVOIR

Les vignettes automobiles les moins chères se trouvent dans les départements suivants : Corse du Sud, Haute-Corse, Marne, Var, Calvados, Essonne, Guadeloupe, Hauts-de-Seine, Val-de-Marne, Paris.
Les vignettes automobiles les plus chères se trouvent dans les départements suivants : Hautes-Pyrénées, Guyane, Réunion, Cantal, Bouches-du-Rhône, Creuse, Hérault, Loire, Maine-et-Loire, Nièvre, Pyrénées Atlantiques, Vaucluse, Haute-Vienne, Aude.

2/ En achetant votre véhicule après le 15 août

Si vous souhaitez changer de véhicule en cours d'année, mieux vaut vous y prendre après le 15 août. Vous profiterez ainsi de la dispense d'achat de la nouvelle vignette, accordée dans ce cas pour les mois restant à courir jusqu'au 30 novembre de l'année en cours, date du début de renouvellement de la vignette pour l'année suivante.

3/ En se faisant rembourser la taxe sur les véhicules de plus de 11 CV

Saviez-vous que les vignettes concernant les véhicules de plus de 11 CV étaient illégales ? Aussi étonnante qu'elle puisse paraître, cette information est vraie. Elle a même été confirmée en octobre 1991, sur le bout des lèvres, par l'administration fiscale. Plusieurs décisions de justice sont là pour en témoigner. Notamment celle jugée devant la Cour de justice des communautés européennes, le 29 juin 1989. Tous ces arrêts — qui font jurisprudence (lire exemple p. 202) — permettent aux heureux propriétaires de véhicules de plus de 11 CV fiscaux — on estime leur nombre à 30 000 — de ne pas payer leur vignette (sauf à partir de 1992, car, alertés par l'illégalité de ces vignettes, le Trésor public a heureusement rectifié le tir depuis lors) et, mieux encore, de se faire rembourser par les services fiscaux celles réglées depuis 1988.

D'autre part, la Cour de cassation a, dans ses arrêts concernant les pourvois des services fiscaux (7.11.89, 16.01.90) — qui ont du reste été rejetés —, fait ressortir clairement qu'il n'y avait là aucun litige fiscal, mais une répétition d'indû caractérisé et que, en conséquence, la prescription pour demander la restitution des sommes indûment perçues était de trente ans et n'avait aucun rapport avec les dispositions du Livre des procédures fiscales sur lesquelles s'appuyaient les services fiscaux. Ainsi, sachez qu'il n'y a aucune date limite pour réclamer le remboursement des vignettes de plus de 11 CV déjà payées.

Il faut également noter que les services fiscaux qui avaient formé des pourvois se sont désistés dans la grande majorité des cas. Il en a été de même pour les Cours d'Appel.

BON À SAVOIR

N'oubliez pas que le remboursement est toujours assorti des intérêts moratoires. Ceux-ci, actuellement fixés à 9,36 % (auparavant à 9,50 %), sont à calculer depuis le paiement de ces « fameuses » vignettes.

Petit conseil : Demandez le remboursement intégral de toutes les vignettes de plus de 11 chevaux payées avant 1992, assorti des intérêts. La demande doit être effectuée à la Direction des Impôts dont dépend l'immatriculation du véhicule. Si l'on vous oppose un rejet, assignez dans les deux mois de la date de l'envoi du rejet.

ATTENTION !

Si vous demandez le remboursement de ces vignettes entre 11 et 15 CV, on risque de vous le refuser, prétextant que cela ne concerne que les véhicules de plus de 16 CV. Une lecture attentive de l'arrêt qui suit vous prouvera que, bien souvent, les fonctionnaires sont les cruelles victimes de la désinformation administrative.

Vignette de plus de 11 CV : arrêt rendu par la 2e Chambre du Tribunal de grande instance d'Angers le 16 janvier 1989 (S.A. Body contre Services fiscaux).

La taxation issue de la loi du 11 juillet 1985 a été jugée contraire aux prescriptions de l'art. 95 du Traité de Rome par la Cour de justice des Commu-

nautés européennes, aux motifs qu' « un système de taxe de circulation qui, d'une part, par l'établissement d'une tranche d'imposition (véhicules de 12 à 16 CV comportant plus de puissance fiscale que les autres), freine la progression de la taxe au profit des voitures haut de gamme de fabrication nationale et, d'autre part, comporte des modalités de détermination de la puissance fiscale défavorable aux voitures importées d'autres États membres, a un effet discriminatoire ou protecteur au sens de l'art. 95 du Traité ».

La somme acquittée en vertu de cette législation doit être restituée, étant observé surabondamment qu'il résulte de l'analyse faite par la Cour de justice des Communautés européennes dans l'arrêt Feldain du 17 septembre 1987 ; la tranche d'imposition regroupant les véhicules de 12 à 16 CV fiscaux a un effet discriminatoire à l'égard des véhicules figurant dans les tranches d'imposition supérieures ; l'autorité de telles décisions a jusqu'à présent été reconnue par l'État français puisqu'aussi bien la loi incriminée est intervenue à la suite de l'arrêt Humblot du 9 mai 1985. En son arrêt du 29 juin (Deville), la Cour de justice des Communautés européennes a rappelé que « lorsqu'une taxe nationale frappant un contribuable qui n'a pas la possibilité de répercuter celle-ci sur d'autres personnes a été perçue en violation du Traité, l'obligation de remboursement qui incombe à l'État membre concerné découle de l'effet direct de la disposition communautaire à laquelle il a été porté atteinte » ; la taxe dont le remboursement est réclamé est fondée sur la loi du 11 juillet 1985 et non sur les dispositions prises ultérieurement pour en corriger les effets jugés discriminatoires.

BON À SAVOIR

Dans son arrêt du 12 octobre 1990, la cour d'appel de Colmar a condamné les Services Fiscaux et leur a ordonné de rembourser les vignettes payées de 1988 à 1990 au propriétaire d'un véhicule de plus de 11 CV fiscaux. Une somme de 2 500 F lui a même été allouée à titre de dommages et intérêts.
***Nouveau :* Désormais, tous les frais de justice (honoraires d'avocat ou autres) sont à la charge de la partie perdante, sauf si elle est insolvable — ce qui, bien entendu, n'est jamais le cas de l'État. Cette nouvelle disposition résulte de la loi du 9 juillet 1991 sur la réforme de l'accès à la justice. Cette loi a été votée par un amendement à l'initiative de M. Colcombet, député PS et rapporteur du projet de loi.**

4/ En faisant immatriculer son véhicule au nom d'une personne exonérée

Certaines catégories de personnes bénéficient de la gratuité totale de la vignette sur leur véhicule. Ce sont les grands invalides et les mutilés de guerre, les pensionnés militaires invalides à 80 % et titulaires de la carte d'invalidité militaire (avec la mention « station debout pénible »), les aveugles titulaires d'une carte d'invalidité civile (avec la mention « cécité » ou « canne blanche »), les sourds-muets et les infirmes mentaux...

L'État accorde donc l'exonération de la vignette à ceux qui ne peuvent pas conduire (ou presque). Faut-il voir, dans cette prérogative, un bel élan de générosité envers les plus défavorisés ou un cynisme à la limite du déplacé ? Pour sans doute dissiper les malentendus, l'État accepte que le véhicule exonéré de vignette appartienne au conjoint, au père ou à la mère du titulaire dont l'invalidité exige l'accompagnement (ou encore à la personne qui recueille sous son toit un handicapé).

Rien ne vous empêche pourtant de faire immatriculer votre véhicule au nom d'une personne exonérée, à condition bien sûr qu'elle accepte...

5/ En achetant votre véhicule d'occasion

Tout le monde sait que le prix de la vignette dépend, aussi, de l'ancienneté du véhicule. Mais il est toujours bon de le rappeler : 50 % de réduction sur les véhicules de plus de cinq ans et de moins de vingt ans ; tarif unique (entre 53 F et 112 F selon les départements) pour les véhicules de plus de vingt ans et de moins de vingt-cinq ans ; gratuité totale pour les véhicules ayant plus de vingt-cinq ans.

En achetant votre véhicule d'occasion, vous bénéficierez donc de réductions variables selon son ancienneté. Un avantage qu'il ne faut pas négliger d'autant qu'aujourd'hui, les occasions, de par leurs garanties et leur choix, sont beaucoup plus fiables qu'auparavant.

COMMENT ACHETER SA VOITURE NEUVE MOINS CHER

Deux solutions, liées à la conjoncture (économique et européenne), vous sont offertes. C'est peut-être maintenant ou jamais…

1/ En profitant de la crise

Le marché de la voiture neuve bat de l'aile. On peut même parler de crise, tant les ventes ne cessent de dégringoler depuis bientôt deux ans (moins 15 % de 1990 à 1991 !). Chez les constructeurs, les arrêts des chaînes de montage — pour 24 h ou 48 h — se multiplient et les conflits sociaux s'aggravent. Chez les concessionnaires, le chiffre d'affaires est en chute libre et les voitures invendues s'accumulent sur les parkings. Jamais l'automobile française n'avait connu plus grave récession.

Si vous souhaitez acheter une voiture neuve, c'est le moment d'en profiter. Les vendeurs doivent absolument écouler leurs stocks, et ils sont prêts, pour cela, à accorder de grosses remises (jusqu'à 11 % sur certains modèles, alors qu'auparavant, il ne fallait guère espérer plus de 5 %). Cette conjoncture, très favorable pour vous, devra également vous permettre de faire jouer la concurrence.

Un conseil : achetez plutôt votre voiture neuve avant le mois de novembre. D'abord parce que le marché enregistre une reprise des ventes en fin d'année. Ensuite parce que la baisse des stocks ne vous permettra plus le même choix. En 1993, la conjoncture sera certainement très différente. La concurrence européenne aura des effets bénéfiques pour les consommateurs, mais les concessionnaires ralentiront leurs commandes pour ne pas vivre la même situation de « sur-stockage ».

2/ En la commandant à l'étranger

Saviez-vous qu'une voiture neuve (même marque, même modèle, mêmes options) se vend à des prix différents selon les pays ? La raison en est simple : pour conquérir le marché étranger, les constructeurs vendent en général leurs modèles destinés à l'exportation moins cher que dans leur pays d'origine. Cela permet, parfois, d'observer des différences importantes (jusqu'à 20 %) entre deux pays frontaliers.

Aujourd'hui, il vous est possible d'acheter votre voiture neuve (de marque française ou autre) à l'étranger. L'opération est toutefois un peu compliquée lorsque l'on agit seul (formalités administratives, déplacements, comparatifs de prix...). Aussi vaut-il mieux faire appel à des importateurs particuliers, les mandataires. Profitant des écarts de prix qui existent sur un même modèle entre les réseaux des concessionnaires opérant dans les douze pays de la Communauté européenne, ils proposent à leurs clients le meilleur tarif — déduction faite des frais de transport, de péage, de passage aux mines, de douane, de TVA et de commission — et se chargent bien entendu de toutes les démarches.

Ce procédé, aussi intéressant soit-il, ne doit pas être utilisé à l'aveuglette. Le commanditaire n'étant pas responsable des aléas du mandat qu'on lui a confié, il vaut donc mieux choisir celui qui offrira les meilleures garanties et le plus de détails sur la transaction. En ce qui concerne les garanties inhérentes au véhicule même, la Communauté Économique Européenne a heureusement bien fait les choses en faisant voter un texte (le règlement CEE 123/85) qui oblige les concessionnaires d'un constructeur à assurer la garantie et le service après-vente de tout véhicule, même acheté dans un autre pays de la CEE.

Bon à savoir

Près de 10 000 voitures neuves entrent chaque année en France à la suite d'achats effectués par des particuliers (surtout des frontaliers) ou par des mandataires.

Pour l'instant, ce sont les pays du Bénélux (Belgique, Pays-Bas, Luxembourg) qui proposent les meilleurs prix. En sera-t-il toujours de même après le 1er janvier 1993 ?

Il faut enfin savoir que les caractéristiques techniques et les performances du véhicule peuvent varier selon les normes des pays de commercialisation. Idem pour les équipements livrés de série ou proposés en option.

A titre de renseignements, vous pourrez toujours vous adresser aux sociétés mandataires suivantes :

— AUTOCOM : 5, rue de Brest, 92400 Courbevoie. Tél. (1) 47 68 83 20. Minitel 36 16 code COM 1

— ECO SYSTEM : 100, route de Neufchâtel, 76000 Rouen. Tél. 35 98 49 17. Minitel 36 15 code ES1

— AMTT : 8, square Léon-Blum, 92800 Puteaux. Tél. (1) 47 75 95 95.

EN GUISE DE CONCLUSION

Comme vous avez pu le constater, mon intention, en débusquant ces 110 moyens légaux, n'a jamais été de vous rappeler tous les avantages conventionnels auxquels vous, citoyens et contribuables français, pouvez prétendre. Les services de renseignements des administrations sont là, en théorie, pour ça (à condition que vous ayez un peu de temps à perdre...). Ensuite, il existe tout un tas de bouquins, de guides et de fascicules qui, le cas échéant, les recensent.

Cela aurait été presque trop simple et, avouons-le, un peu frustrant pour vous.

Ce livre, vous ne l'avez certainement pas acheté pour savoir ce que vous saviez déjà. Mais plutôt, je pense, pour y trouver un maximum d'astuces et de trucs utilisables dans l'ensemble des domaines abordés : ceux que les institutions ne dévoilent pas, ceux que l'on préfère garder pour soi, ceux que l'on découvre dissimulés entre les lignes des textes de lois ou, plus simplement, ceux auxquels on ne pense pas.

Ce livre devra enfin, je l'espère, vous permettre de vous transformer (si ce n'est pas déjà fait) en personnes civiquement responsables et informées, non désireuses de payer les yeux fermés.

Voilà, c'est tout ! Du moins pour l'instant...

BIBLIOGRAPHIE

La réalisation de ce livre est due, pour sa majeure partie, à la fructueuse collaboration de conseillers juridiques et fiscaux et à la lecture assidue des codes de lois. Un travail de documentation complémentaire a également été effectué auprès des sources suivantes : les magazines « Mieux vivre votre argent », « Auto-Plus », « 50 Millions de consommateurs », « La Vie française », « L'Expansion », « Les Échos » et « Réponse à tout ».

Table

FISCALITÉ

Comment payer moins d'impôts

BANQUES

Comment piéger votre banque

Comment se défendre en cas de condamnation si vous êtes appelés à comparaître devant le tribunal

Comment échapper au retrait de permis

La Pochothèque

Une série du Livre de Poche
au format 12,5 × 19

Le Petit Littré

Broché cousu - 1 946 pages - 120 F

L'édition du « Petit Littré » est la version abrégée du monument de science lexicographique édifié voilà un peu plus d'un siècle par Émile Littré à la demande de son ami Louis Hachette. Elle a été établie sous le contrôle de Littré par A. Beaujean, professeur d'Université, ami et collaborateur de l'auteur pendant plus de vingt ans. Cet « abrégé », connu sous le titre de « Petit Littré » et de « Littré-Beaujean », offre l'essentiel de ce que les étudiants et un grand public cultivé peuvent rechercher dans la version complète et développée.

*

« Encyclopédies d'aujourd'hui »

Encyclopédie géographique

Broché cousu - 1 200 pages - 64 pages hors texte - 155 F

L'inventaire actuel complet des 169 unités nationales du monde contemporain, de leurs institutions, de leur histoire, de leurs ressources naturelles, de leurs structures économiques, des courants d'échanges et des données statistiques sur les produits et les services.

L'ouvrage comporte trois parties : 1. L'astronomie, la géographie physique, les statistiques économiques de base conformes aux informations récentes (1990), les institutions internationales (100 pages) ; 2. La France (200 pages) ; 3. Les pays du monde (de l'Afghanistan au Zaïre) (900 pages) : les monographies par pays sont présentées dans un ordre alphabétique.

Encyclopédie de l'art

Broché cousu - 1 400 pages - 195 F

Un inventaire et une analyse des grandes créations artistiques *de la Préhistoire à nos jours*. Toutes les époques, toutes les régions du monde, toutes les disciplines. L'ouvrage comprend un *dictionnaire* de plusieurs milliers d'articles: des notices biographiques et critiques sur les artistes (peintres, architectes, sculpteurs, photographes, mais aussi décorateurs, orfèvres, céramistes, ébénistes, etc.) ; des exposés de synthèse sur les écoles, les genres, les mouvements, les techniques ; une présentation systématique des grandes civilisations du passé et des institutions ayant marqué l'histoire de l'art, l'analyse des rapports entre l'art et la vie économique de chaque époque. Plusieurs annexes complètent le dictionnaire : une chronologie universelle ; un panorama des grandes créations architecturales ; un *lexique des termes techniques*, qui forme un rappel des mots de métier.

La richesse de l'iconographie (plus de 1 600 documents pour la plupart en couleurs) et la multiplicité des renvois animent et approfondissent les perspectives de lecture.

Encyclopédie de la musique

Broché cousu - 1 144 pages - 175 F

Le point des connaissances actuelles sur toutes les cultures musicales — européennes ou extra-européennes — *de l'Antiquité à nos jours.*

L'ouvrage comporte deux parties : un dictionnaire, et en *annexe* différents précis techniques et historiques.

Le *dictionnaire*, d'environ 7 000 entrées, comprend des notices biographiques sur les compositeurs, les théoriciens, les musicologues, les interprètes, mais également sur les fabricants d'instruments, les librettistes, les éditeurs ou les imprésarios ; il comporte des articles de synthèse sur les époques, les écoles, les mouvements esthétiques ; il contient un lexique des terme musicaux et leurs définitions, des exposés sur les techniques de transcription, les théories analytiques, les formes, les folklores, le blues, le jazz, le rock, la chanson, la musique légère ainsi que sur la musique extra-européenne, ses formes traditionnelles et ses instruments.

Ont été rassemblés en *annexe* : un précis d'acoustique, étudiée sous l'angle de la physique, de la physiologie, de la psychoacoustique ; un précis d'histoire de la musique, un précis de théorie musicale, qui explicite la codification et les spécificités du langage musical moderne ; un répertoire des chefs-d'œuvre du théâtre lyrique : analyse et résumés de près de 300 opéras.

La Bibliothèque idéale

Présentation de Bernard Pivot 1 000 pages - 120 F

Réalisé par l'équipe de *Lire*, ce « guide de lecture » unique en son genre, comporte une sélection de 2 500 livres.

Romans, essais, documents, ouvrages pratiques, œuvres philosophiques et historiques, qui y sont présentés dans l'ordre alphabétique et par genre, constituent les références culturelles essentielles de l'homme d'aujourd'hui.

Cette nouvelle édition de *La Bibliothèque idéale* a été complétée et actualisée. Le lecteur y trouvera la mention des publications disponibles au format de poche.

Dictionnaire des lettres françaises

Le Moyen Age Broché cousu - 1506 pages - 175 F

Ce dictionnaire est une *véritable encyclopédie* de la production littéraire du Ve au XVe siècle.

Les quelque 2 000 articles qui le composent, notices biographiques, analyses critiques ou études de synthèse, prennent en compte les littératures d'oïl et d'oc, les œuvres de la latinité médiévale, mais aussi les livres de savoir, comme les vies de saints ou les compilations historiques. Il accueille également les classiques, les textes patristiques, les traductions contemporaines de grandes œuvres étrangères alors intégrées au patrimoine national. Instrument de découverte, mais aussi de recherche, il ordonne une somme dont la richesse et la diversité va bien au-delà de l'histoire littéraire traditionnelle.

Chaque article est étayé par des renvois systématiques aux ouvrages de référence spécialisés et par une bibliographie critique abondante.

Boris Vian : *Romans, nouvelles, œuvres diverses*

Édition établie, annotée et préfacée par Gilbert Pestureau 1340 pages - 140 F

Les quatre romans essentiels signés Vian, *L'Écume des jours, L'Automne à Pékin, L'Herbe rouge, L'Arrache-cœur,* deux « Vernon Sullivan » : *J'irai cracher sur vos tombes, Et on tuera tous les affreux,* un ensemble de nouvelles, un choix de poèmes et de chansons, des écrits sur le jazz.

Virginia Woolf : *Romans et nouvelles* 1200 pages - 140 F

La chambre de Jacob, Mrs. Dalloway, Voyage au Phare, Orlando, Les Vagues, Entre les actes...

En tout, vingt-cinq romans et nouvelles.

Stefan Zweig : *Romans et nouvelles*

Édition établie par Brigitte Vergne-Cain et Gérard Rudent 1220 pages - 140 F

La Peur, Amok, Vingt-Quatre Heures de la vie d'une femme, La Pitié dangereuse, La Confusion des sentiments, etc. Au total, une vingtaine de romans et de nouvelles.

Composition réalisée par BUSSIÈRE 18200 Saint-Amand-Montrond

IMPRIMÉ EN FRANCE PAR BRODARD ET TAUPIN
Usine de La Flèche (Sarthe).
LIBRAIRIE GÉNÉRALE FRANÇAISE - 6, rue Pierre-Sarrazin - 75006 Paris.
ISBN : 2 - 253 - 06237 - 5 30/9566/8